Joseph Goebbels

rowohlts monographien
begründet von
Kurt Kusenberg
herausgegeben von
Uwe Naumann

Joseph Goebbels

Dargestellt von Jörg von Bilavsky

Rowohlt Taschenbuch Verlag

Umschlagvorderseite: Joseph Goebbels während einer Rede in Bernau, 1928
Umschlagrückseite: Joseph Goebbels, um 1942
«Goebbels spricht» in Berlin-Friedrichshain am 23. November 1928. Plakat

Seite 3: Adolf Hitler und Joseph Goebbels auf einem Spaziergang am Obersalzberg bei Berchtesgaden, um 1943

Originalausgabe
Veröffentlicht im Rowohlt Taschenbuch Verlag,
Reinbek bei Hamburg, September 2009

Umschlaggestaltung any.way, Hannah Krause,
nach einem Entwurf von Ivar Bläsi
Redaktion Christof Blome
Redaktionsassistenz Katrin Finkemeier
Reihentypographie Daniel Sauthoff
Layout Ingrid König
Satz Proforma *und* Foundry Sans *PostScript,*
InDesign 5.0.4
Gesamtherstellung CPI – Clausen & Bosse, Leck
Printed in Germany
ISBN 978 3 499 50489 1

INHALT

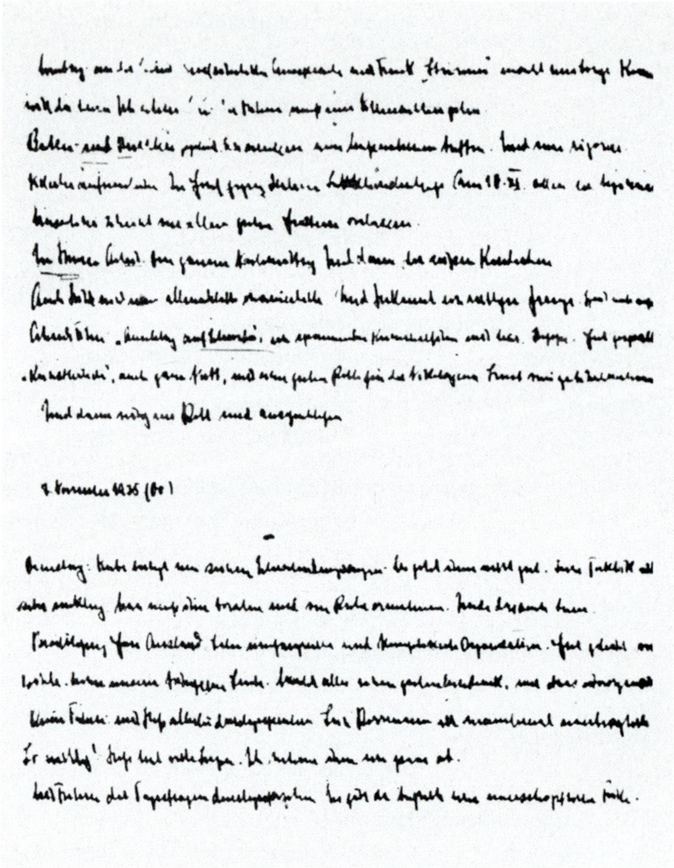

Tagebuchseite vom 7. November 1935

Psychogramm einer Krise

Eine drückende Schwere liegt über Deutschland. Man muß auf das Schlimmste warten. Ich möchte mithelfen am Wiederaufbau. Und überall weist man mich ab. […] Verzweiflung! Verzweiflung! Ich mag nicht mehr leben, um das Unrecht anzusehen. Ich muß mitkämpfen für Recht und Freiheit.[1] Joseph Goebbels war 26 Jahre alt, promovierter Germanist und arbeitslos, als er seinem im Oktober 1923 begonnenen Tagebuch so emphatisch sein Leid klagte. Verunsichert und verbittert wie Millionen anderer Deutscher, erwartete er von den Parlamentariern der Weimarer Republik nach dem verlorenen Krieg, den blutigen Putschversuchen und der ruinösen Inflation nicht mehr als die nächste Katastrophe. Den enttäuschten Sinnsucher aus kleinbürgerlichem Hause brachten die politischen und wirtschaftlichen Krisen derart aus dem seelischen Gleichgewicht, dass er krankhaft nach Anerkennung und Erlösung suchte.

Sowohl als Schriftsteller wie als Journalist war er bislang gescheitert. Sein autobiographischer Roman *Michael* und seine Dramen waren ebenso abgelehnt worden wie seine Bewerbungen bei Tageszeitungen und Theatern. *Mein Ideal: schreiben können und davon leben. Aber niemand bezahlt mir etwas für meinen Mist. Mist my boy! Du mußt für den Tag arbeiten. Nach uns die Sintflut. […] Lerne das Leben nehmen, wie es ist. Das füllt den Geldsack und den Wanst. Von Idealen wirst du nicht satt*[2], stöhnte er noch im Spätsommer 1924, um seine finanzielle und künstlerische Zukunft bangend.

Trotz existenzieller Geldsorgen kam für ihn kein bürgerlicher Beruf oder Lebensentwurf mehr in Betracht. Spätestens nachdem er im September 1923 seinen Aushilfsjob bei der Dresdner Bank in Köln leichtfertig aufs Spiel gesetzt und verloren hatte, suchte er stattdessen ganz konkret nach *dem Einen, dem Mann,* der Deutschland und ihm selbst den Weg aus der Krise ebnen würde. Aus eigener Kraft sah sich der wankelmütige Zweifler dazu nicht in der Lage.

Wie dieser Mann charakterlich beschaffen sein musste, wurde Goebbels in den nächsten Monaten immer klarer. Er sollte radikal sein, seinen eigenen Glauben an einen neuen Staat stärken. Vor allem sollte dieser neue Mann eine politische Religion predigen, die all seine Zweifel beseitigte und all seine Sehnsüchte befriedigte. Diese Erlöserfigur glaubte er bald in Adolf Hitler gefunden zu haben. Und das zu einer Zeit, als sich die politischen und ökonomischen Wogen in Deutschland wieder zu glätten schienen und weder mit Hitler noch mit der nur wenige Tausend Mann starken NSDAP wirklich ein Staat zu machen war.

Für Goebbels war das persönliche und politische Krisengefühl so existenziell, dass er dem relativ unbekannten Vorsitzenden einer radikalen Splitterpartei mehr zutraute als den demokratischen Fraktionen im Reichstag. Wieso er sich politisch und emotional so früh und ausgerechnet an Hitler kettete, lässt sich nur aus seinem akuten Bedürfnis nach einer Leitfigur erklären. So pries er Hitler als kommenden Heilsbringer, bevor er ihm überhaupt begegnet war. Ob aus bloßer Anbiederung oder aus reinem Glauben, lässt sich kaum mehr unterscheiden.[3] Nur wenige Monate nachdem er im heimatlichen Rheydt (heute: Mönchengladbach) eine nationalsozialistische Ortsgruppe gegründet hatte, glorifizierte er Hitler schon als *Steuermann in der Not, den Apostel der Wahrheit, den Führer zur Freiheit, den Bekenner, den Fanatiker der Liebe, den Rufer im Streit, den Helden der Treue, das Symbol des deutschen Gewissens*[4].

Hatte er zwischenzeitlich an seinem neuen *Messias* gezweifelt, so verflüchtigte sich diese Skepsis nach ihrer ersten intensiveren Begegnung im November 1925 schlagartig. Denn nun empfing der bislang tief Verunsicherte das Lob für sein Rednertalent direkt aus dem Mund seines Idols. Solche Schmeicheleien festigten seinen Glauben an Hitler und machten ihn zu dessen treuesten und hörigsten Gefolgsmann. Allerdings war es keine reine Glaubenssache, wenn Goebbels alsbald den Führer-Mythos systematisch inszenierte.[5] Er setzte dieses Bild jetzt auch gezielt für die eigene Parteikarriere ein. Der Wunsch nach seelischer Erlösung paarte sich untrennbar mit dem nach beruflichem Erfolg.

Als ihn Hitler im November 1926 als Gauleiter nach Berlin schickte, war sein Selbstwertgefühl so weit gefestigt, dass er glaubte, mit der gesellschaftlichen wie persönlichen Krise fertigwerden zu können. *Es [die Republik] muß grundsätzlich zerstört, geistig und machtpolitisch zertrümmert werden, damit eine junge, neue Generation auf den Trümmern der Vergangenheit die Zukunft bauen kann*[6], schrieb er voller Tatendrang über seine neue «politische» Aufgabe.

Von nun an beherrschte das Entfachen, Schüren und Bewältigen von Krisen sein Denken und Handeln. Krisen waren der Motor seiner politischen und propagandistischen Aktionen. Krisen halfen ihm, Hitler an die Macht zu bringen. Vor allem banden sie ihn immer enger an den «Führer», dessen Anerkennung und Lob er wie die Luft zum Atmen benötigte. *Ich habe manchmal eine direkt körperliche Sehnsucht nach einem guten Wort, nach einem persönlichen Verhältnis, nach einer Freundlichkeit, nach einer gütigen Hand. [...] Ich muß geben, ohne nehmen zu können. Daran verbrenne ich langsam*[7], jammerte er, wenn Hitlers Zuspruch einmal zu lange ausblieb.

Diese psychische und politische Abhängigkeit führte dazu, dass er sich Hitlers *Genie* bis zur Selbstaufgabe beugte. *Aus tiefer Bedrängnis leuchtet ein Stern! [...] Ihm fühle ich mich bis zuletzt verbunden. Nun ist mir der letzte Zweifel geschwunden. Heil Hitler!*[8], kommentierte er denn auch überschwänglich seine Nominierung zum Berliner Gauleiter. Ähnlich unterwürfige und anbiedernde Phrasen durchziehen die Tagebuchaufzeichnungen bis zum Schluss. Hitler und der Karriere opferte er seine anfangs noch radikalsozialistischen Vorstellungen und seine eigenständige Meinung.[9]

Zwar war sich Goebbels in selbstkritischen Momenten durchaus im Klaren, dass er nur eine, wenn auch sehr wichtige Marionette in Hitlers taktischem Machtspiel war. Aber genauso klar erkannte er, dass er nur mit ihm an die Spitze des Staates und an das Ziel seiner politischen Wünsche gelangen konnte. So fegte er jegliche Zweifel an den Entscheidungen oder dem innerparteilichen Zaudern seines *Chefs* sofort beiseite, wenn er im Vieraugengespräch oder vor anderen Parteimitgliedern gelobt oder befördert wurde.

War Goebbels nun ein irrationaler Fanatiker, der wirklich von dem überzeugt war, was er sagte? Oder war er ein rationaler Techniker der Macht, der an nichts anderes glaubte als an Manipulation und seine Karriere? Beide Momente beeinflussten diese labile Persönlichkeit: der sklavische Glaube an den «Führer» und dessen historische Mission ebenso wie eiskalte Berechnung und die schonungslose Ausbeutung aller Machtpotenziale. Er glaubte an Hitler, weil er an ihn glauben wollte. Er schuf den Führer-Mythos, weil er davon überzeugt war und weil er seinen Machthunger damit stillen konnte.

Goebbels führte von 1924 bis zu seinem Tod ein Tagebuch, in dem sich seine innere Entwicklung relativ genau ablesen lässt. Denn diese von ihm zur Veröffentlichung vorgesehenen Notate sind keineswegs nur propagandistische «Inszenierungen für die Nachwelt»[10], sondern ebenso Zeugnis eines hemmungslosen Betrugs an sich selbst und an einem dafür empfänglichen Volk. Goebbels hat die Tagebücher quasi im «Rohzustand» hinterlassen, samt aller kritischen und intimen Bekenntnisse. Diese Selbstzeugnisse lassen deshalb tief in den Charakter eines der widersprüchlichsten Nationalsozialisten blicken, dessen Lebensweg mit einer Krise begann und mit einer Niederlage endete.

«Das Leben ist Dreck» – Kindheit und Behinderung

Wer mit einem verkümmerten Bein durch die Welt humpeln und sich aus kleinbürgerlichen Verhältnissen hocharbeiten muss, hat gewiss kein leichtes Los. Für Paul Joseph Goebbels, am 29. Oktober 1897 im niederrheinischen *Industriestädtchen*[11] Rheydt geboren, sah die Zukunft angesichts solcher Hindernisse zwar nicht hoffnungslos, aber doch zunächst eher bescheiden aus. Schließlich blickten seine Eltern noch auf eine Kindheit im bäuerlichen und handwerklichen Milieu zurück. Die Vorfahren seines Vaters Friedrich Goebbels waren seit Jahrhunderten einfache «Ackerer» gewesen, und der Vater seiner Mutter Katharina (geb. Odenhausen) ernährte seine Familie mit dem, was er als Hufschmied verdiente.

Vor diesem sozialen Hintergrund erscheint der berufliche Aufstieg von Goebbels' Vater umso bemerkenswerter. Während seines zweiundsechzigjährigen Lebens arbeitete er sich vom Laufburschen bis zum Prokuristen einer mittelständischen Glühstrumpffabrik hoch. Friedrich Goebbels war ein zäher und ehrgeiziger Kleinbürger ohne besondere intellektuelle Veranlagungen. Dennoch sollten seine drei Söhne Hans, Konrad und Joseph das Gymnasium besuchen und einen besseren Start ins Berufsleben erhalten. Allerdings war Joseph das einzige Kind in der Familie, das später ein Studium absolvierte. Seine beiden jüngeren Schwestern Elisabeth und Maria gingen nur zur Volksschule.

Die Familie Goebbels lebte in materiell bescheidenen, aber geordneten Verhältnissen, vom katholischen Glauben tief durchdrungen wie viele Menschen in dieser traditionell konservativen Region. Obwohl der berufliche Aufstieg seines Vaters immer ein wenig mehr Geld in die Haushaltskasse brachte, herrschte meist eiserne Sparsamkeit. Wenn der Vater in etwas investierte, dann in die Ausbildung seiner Kinder. Für seinen musisch begabten Sohn Joseph schaffte er sogar ein schlichtes, aber, an seinem Einkommen gemessen, teures Klavier an, das seinerzeit als Inbegriff der Bürgerlichkeit und Bildung galt.

Der Vater:
Friedrich Goebbels

Die Mutter:
Katharina Goebbels

Auch in der Erziehung überwog wohl *spartanische Zucht*[12], für die Joseph seinen Vater zwar nicht liebte, aber auf jeden Fall respektierte. War sie doch Zeichen einer von ihm später bewunderten *preußischen Geradheit*[13]. Seine Mutter Katharina hingegen liebte er wegen ihrer *rätselhaften Einfachheit*[14]. Keine geringe Rolle dürfte dabei gespielt haben, dass sie zeitlebens seine *beste und treueste Bewunderin*[15] blieb und seiner Eitelkeit schmeichelte. «Mein Josephchen hat ein Köpfchen»[16], sagte sie nicht ohne Stolz über den klügsten ihrer Söhne.

In dieser familiär wie finanziell intakten Umgebung herrschte kein Mangel an Nähe und Wärme. Der leicht kränkelnde und schwächliche Joseph konnte sich immer darauf verlassen, dass seine Eltern ihm seelischen Halt boten. Auch wenn ihn später sein berufliches Versagen und seine Depressionen plagten, fand er bei ihnen jederzeit trostreichen Zuspruch und herzliche Zuwendung. Während seiner Studienzeit bekam er vom Vater Geld und von der Mutter Lebensmittel zugesteckt. Seine Verachtung für die *Canaille Mensch*[17] wurzelte also keinesfalls im Protest gegen eine verständnislose Elterngeneration.

Was den hageren und kleinwüchsigen Jungen verstörte, war vielmehr die Behinderung an seinem rechten Fuß. Dieser blieb, wohl infolge einer Knochenmarkentzündung, ab seinem vierten Lebensjahr gelähmt. Wie er mit über zwanzig in seinen «Erinnerungsblättern» schrieb, war die Erkrankung eines *der richtunggebenden Ereignisse meiner Kinderzeit. Ich wurde auf mich angewiesen. Konnte mich nicht mehr bei den Spielen der anderen beteiligen. Wurde einsam und eigenbrödlerisch.*[18] Die Eltern scheuten weder Mühen noch Kosten, den Fuß von medizinischen Kapazitäten behandeln zu lassen. Doch auch eine teure Operation im Alter von zehn Jahren vermochte das Gebrechen nicht zu beseitigen. Zeitlebens musste Goebbels sein nunmehr um einige Zentimeter verkürztes Bein nachziehen und eine orthopädische Apparatur tragen.

Die tiefreligiöse Mutter empfand diese Krankheit als Strafe Gottes. Aber alles Beten half nichts. Der kleine Paul Joseph musste lernen, mit seiner Behinderung zu leben. Das war vor allem in der Schule nicht einfach, wo er sich schon bald zum *eigensinnigen und eigendenkenden*[19] Außenseiter entwickelte. Zwangsläufig fühlte er sich ausgeschlossen, *weil er nicht mehr so laufen und springen konnte wie sie*[20]. Er verkroch sich in sein winziges Zimmer, wurde einsamer und verbitterter, haderte mit Gott, *der ihn so gemacht, daß die Menschen ihn verachteten und verspotteten*[21]. Mit Blick auf seine Jugend notierte er später: *Das Leben ist Dreck*[22] und Ähnliches mehr in sein Tagebuch.

«Jüppche», wie ihn seine Mutter in rheinischer Mundart nannte, hasste seine Klassenkameraden, nannte sie bisweilen *Lumpen.* Allerdings drängte ihn nicht sein körperlicher Makel allein, sondern auch seine Verbitterung darüber an den Rand der Klassengemeinschaft. Als Außenseiter entwickelte er sich früh zum Misanthropen, der seinen scharfen Verstand immer mehr als Waffe im Kampf um Aufmerksamkeit und Anerkennung einsetzte. Wenn er sich mit den anderen Schülern schon nicht körperlich messen konnte, so wollte er sie doch geistig ausstechen.

In fast allen Fächern legte er einen besonderen Eifer an den Tag, um sich und anderen seine intellektuelle Überlegenheit zu beweisen. Gute Zensuren betäubten das latente Gefühl der Minderwertigkeit. Misstrauisch witterte er hinter jedem Mitschüler einen Konkurrenten. *Er hielt die anderen alle für schlecht genug, ihn*

Goebbels (r.) am Tag seiner Kommunion, 3. April 1910

auch geistig aus der Gemeinschaft ausschließen zu wollen. Und dieser Gedanke gab ihm Fleiß und Energie[23], bekannte er in seinem autobiographischen Roman *Michael.* Der Ehrgeiz, alles besser und genauer zu wissen als andere, begleitete ihn sein Leben lang.

Seine freien Stunden verbrachte er nicht wie die anderen Kinder auf dem Bolzplatz, sondern hinter Buchdeckeln und am Schreibtisch. In jungen Jahren soll er denn auch den zweibändigen «Kleinen Meyer» durchgebüffelt und nach eigener Auskunft *alles Gedruckte, einschließlich der Zeitungen, auch die Politik*[24], verschlungen haben. Vor allem aber regte die ständige Lektüre seine Phantasie an, sodass er es in diesen Momenten *nicht mehr so bitter* empfand, *daß er nicht wie die anderen herumtollen konnte, dann freute er sich, daß es auch für ihn, den Krüppel, eine Welt des Genießens gäbe.*[25]

Im Stundenplan zählten Latein, Geschichte und Religion zu seinen Lieblingsfächern. An der lateinischen Sprache schärfte er seinen Sinn für Logik und Rhetorik, während er im Geschichtsunterricht für die großen Staatsmänner und Kriegsherren schwärmte. Die Religionsstunden indes festigten zunächst seinen Glauben an Gott, der ihn hoffen ließ, doch noch irgendwann Achtung und Liebe zu finden. Ohne Frage prägten diese Fächer sein späteres Denken und Handeln ganz besonders.

Doch er sog das Gelernte und Gelesene nicht nur auf und gab es – wie seine Lehrer sich erinnerten – im Unterricht vorbildlich wieder. Er machte sich schon früh seinen eigenen Reim auf die Welt und brachte diesen in für seine Generation typischen Gedichten zu Papier, die um den Tod wie um den Frühling kreisten. Anders als im wahren Leben konnte er in ihnen der Realität entfliehen und auch einmal der Held sein.

Ermutigt wurde er vor allem von seinem Deutschlehrer, Christian Voss, der seine Sprachbegabung erkannt hatte und sie durch Gespräche, Lektürehinweise und die Vermittlung von Nachhilfeschülern förderte. Dank der Anerkennung und Zuwendung seines Lehrers lebte der Fünfzehnjährige auf und freundete sich mit einigen Schulkameraden an. Dem anderen Geschlecht soll sich der frühreife Goebbels – wenn auch erfolglos – mit anonymen Gedichten und Liebesbriefen zu nähern versucht haben. So gerieten etwa die Mutter eines Nachhilfeschülers und die Freundin seines Bruders Hans ins Visier seiner Leidenschaften, wie er sich später in seinen Aufzeichnungen brüstete.

Goebbels' leicht zu entfachendes Gemüt konzentrierte sich jedoch schon bald auf andere, weltpolitische Ereignisse. Als im August 1914 die europäischen Staaten wegen der tödlichen Schüsse auf den österreichischen Thronfolger den Ersten Weltkrieg entfesselten, erfasste auch den gerade mal sechzehn Jahre alten Goebbels die fiebrige Aufbruchstimmung. Während viele junge Soldaten den Vätern ihren Schneid beweisen wollten, gehörte Goebbels zu denjenigen, denen die nationale Euphorie das Gefühl gab, Teil einer großen Gemeinschaft zu sein. Wie sein älterer Bruder Hans und einige seiner Schulkameraden meldete er sich als Freiwilliger, wurde aber wegen seiner Behinderung vom aktiven Dienst an der Front zurückgestellt. Selbst im letzten Kriegsjahr, als alle Reserven mobilisiert wurden, griff die Reichswehr auf Versehrte dieser Kategorie nicht zurück.

Obwohl die Ausmusterung vorhersehbar gewesen war, reagierte Goebbels tief enttäuscht. Er schloss sich vorübergehend in seine Dachkammer ein, verweigerte die Nahrung und sprach tagelang nicht mit seinen Eltern. Als er sich wieder beruhigt hatte, kompensierte er die Demütigung als «Nichtkämpfer» an der Heimatfront. So packte er Weihnachtspakete für die Frontsoldaten und ließ seinen nationalistischen Wallungen in überschwänglichen Schulaufsätzen freien Lauf. Mit religiösem Pathos beschwor er den Opfertod auf dem «Altar des Vaterlands».

Als jedoch im Herbst 1915 seine Schwester Elisabeth an Tuberkulose starb und sein Bruder an der Front keine Lebenszeichen nach Hause schickte, relativierte sich für ihn der Sinn des Todes. In seinen Primanertexten schlug er neben pathetischen auch verzweifelte oder hoffende Töne an. Nicht zuletzt angesichts der erstarrten Westfront flossen nun Sätze wie: *Oh, armes Herz, vergiß die Qual, Bald muß sich alles, alles wenden*[26] aus seiner Feder. Die verlustreiche Schlacht von Verdun und die wenig ermutigenden Briefe seiner Freunde in den Schützengräben machten Goebbels nüchterner und ließen sein Interesse am Kriegsgeschehen immer weiter abflauen.

Freilich glaubte er trotz des zermürbenden Kriegsalltags wie viele andere weiterhin an den deutschen Sieg. Als er im März des Hungerjahres 1917 sein Abitur bestand, mit sehr guten Noten in Religion, Deutsch und Latein, mit guten in Französisch, Geschichte, Erdkunde, Physik und Mathematik, durfte er zur Belohnung für den besten Deutschaufsatz seinen ersten großen Vortrag vor der versammelten Lehrer- und Schülerschaft halten.

Goebbels im Kreis seiner Mitschüler am Gymnasium, 1916.
Zweiter v. r.: Fritz Prang

Nach allen Regeln der Redekunst erinnerte er das Volk der Dichter und Denker, wie dann auch 1943 in der Sportpalastrede, an seine *globale Mission. Und Du Deutschland, starkes Vaterland, Du heiliges Land unserer Väter, steh fest, in Not und Tod. Du hast Deine Heldenkraft gezeigt und wirst auch aus dem Endkampf siegreich hervorgehen*[27], schleuderte er den patriotisch gesinnten Zuhörern in der Aula entgegen. Statt des herbeigewünschten Triumphs traf die Deutschen im folgenden Jahr ganz unerwartet und unvorbereitet die bittere Niederlage. Sie stürzte das Land ins politische und Goebbels ins private Chaos.

«Chaos in mir» – Studium und literarische Sinnsuche

Talentiert sind Sie ja, aber zum Redner leider nicht geboren![28], soll der Schuldirektor dem Neunzehnjährigen nach seiner patriotischen Abschlussrede mit auf den Weg gegeben haben. So hat es Goebbels später selbst in die Welt gesetzt. Offensichtlich wollte er den Deutschen zeigen, welch verkanntes Genie sie vor sich hatten. Unmittelbar nach dem Abitur strebte Goebbels jedoch keineswegs eine Karriere in der Politik an. Angesichts seiner hervorragenden Zensuren und seines unbändigen Drangs nach höheren akademischen Weihen stand lediglich fest, dass er studieren würde.

Ihm und seinen Eltern schwebte lange Zeit ein Theologiestudium vor, das nicht nur soziale Sicherheit, sondern auch öffentliche Anerkennung versprochen hätte. Aber Goebbels suchte trotz seiner Neigung zum Sakralen, Schwärmerischen und Pompösen nach weltlichen Auszeichnungen, weshalb er sich am 20. April 1917 an der Bonner Universität im Hauptfach für Altphilologie, in den Nebenfächern für Geschichte und Germanistik einschrieb. Nach wenigen Monaten gab er jedoch seinen literarischen Interessen nach, rückte die Germanistik ins Zentrum seiner Studien und promovierte nach vier Jahren zum Dr. phil.

Obgleich er relativ zügig an zahlreichen Universitäten studierte, war seine studentische Existenz von chronischem Geldmangel bedroht. Das aus Nachhilfestunden Ersparte hatte er schnell verbraucht. Auch die «Fresspakete» und die monatlichen Zuwendungen seiner Eltern vermochten die Studienkosten keineswegs zu decken. Auf Rat und Empfehlung seines ehemaligen Religionslehrers, Johannes Mollen, bewarb er sich schließlich erfolgreich um ein zinsloses Darlehen beim Kölner «Albert-Magnus-Verein», der mittellosen katholischen Studenten unter die Arme griff. Der *Mildtätigkeit seiner katholischen Glaubensgenossen*[29] hatte er es zu verdanken, dass er bis zum Wintersemester 1919/20 in den Genuss von insgesamt 960 Mark kam.

Mit dem vom Kaplan Mollen bescheinigten «religiösen und

sittlichen Verhalten»[30] war es allerdings weder während seines Studiums noch später weit her. Dem Verein blieb er die Rückzahlung des Darlehens selbst auf juristischen Druck hin bis 1930 schuldig. Auf dem Höhepunkt der Inflation versuchte er seine Gläubiger mit völlig wertlosen 10000 Reichsmark abzuspeisen, was nach der Geldaufwertung gerade mal zwei Reichsmark entsprach.

Das geborgte und durch weitere Nachhilfestunden verdiente Geld floss nicht allein in Bücher oder Miete. Zusammen mit den Korpsstudenten der katholischen Verbindung «Unitas Sigfridia» verprasste er es bei Zechereien und anderen Vergnügungen. In dieser Männerrunde fand er endlich «Kameraden», darunter auch den von ihm schon bald bewunderten Jurastudenten Karl Heinz Kölsch. Goebbels selbst machte sich in dieser Runde vor allem mit seinem Organisationstalent und seinen Vorträgen beliebt, die zur vaterländischen Erbauung und Glaubensstärkung der Kommilitonen beitrugen. In den von ihm verfassten Vereinsberichten schwärmte er von *lustigen Fahrten ins weite, schöne, deutsche Land, die die Aktivitas fast jeden Samstag und Sonntag unternimmt*[31].

An der Bonner Universität verlebte er 1917/18 erstmals eine relativ unbeschwerte Zeit. Die sich immer weiter verschärfende Kriegssituation tat dem keinen Abbruch. Seine Kameraden stellten ihm und seinem besten Freund für ihr besonderes Engagement ein glänzendes Zeugnis aus. *Mit nie erlahmender Kraft hielten sie die Zügel des Vereins straff in ihren Händen, verstanden es, die Mitglieder zu immer wieder neuem Mitwirken anzufeuern und während der Zeit ihrer gemeinsamen Tätigkeit ein blühendes Vereinsleben zu entfalten.*[32]

Trotz der Lobeshymnen blieb er nicht dem Männerbund, sondern seinem Freund Kölsch treu. Mit ihm zusammen wechselte er an die Freiburger Universität, wo er sich prompt in dessen neuen Schwarm, die aus wohlhabender Familie stammende Anka Stalherm, verliebte. Für die Frau mit dem *ungemein schwärmerischen Mund* und dem *wunderschönen Nacken* war Goebbels allerdings sofort bereit, mit seinem Freund für immer zu brechen. *In mir ist eine Erfüllung ohne Maß und Ziel geworden*[33], schwärmte er bereits nach dem ersten Kuss. Bald erwiderte sie seine Gefühle und verließ Kölsch.

Obwohl er später rückblickend meinte, mit der Betriebswirtschaftsstudentin die *glücklichste Zeit* seines *Lebens*[34] verbracht zu haben, wurde er doch stets daran erinnert, wie weit unten er auf der sozialen Stufenleiter noch stand. *Ich befand mich nun zwar als Sohn der Alma Mater in einer gehobenen Gesellschaftsschicht, aber ich war doch ein Paria, ein Verfemter, ein nur Geduldeter, nicht etwa weil ich weniger leistete oder weniger klug war als die anderen, sondern allein, weil mir das Geld fehlte, das den anderen aus den Taschen ihrer Väter so überreichlich zufloß.*[35]

Diese gesellschaftliche Zwitterstellung führte ihm die ungleiche Verbindung zu Anka Stalherm immer wieder vor Augen, auch wenn sie ihn seelisch und sexuell befriedigte. Kriselte es in der Beziehung, verarbeitete er die Unzufriedenheit mit der persönlichen Lage in seinen literarischen Arbeiten. In der biblischen Tragödie *Judas Iscariot* beginnt er zuweilen auch an der christlichen Gerechtigkeit auf Erden zu zweifeln. *Und da in dieser Stunde fromme Sprüche / Einem bedrängten Volk ins Ohr zu blasen / Zu reden von dem Reich in anderen Welten, / daß Herrlichkeit ohn' Ende sei und Grenzen / Das zeichnet mir den kleinen Kopf und Geist*[36], legte er dem skeptischen Judas in den Mund.

Sein Gefühl der Orientierungslosigkeit bekam durch die deutsche Niederlage und die Revolution im November 1918 zusätzlich Nahrung. Mit den Worten *das Chaos in mir* oder *die Revolution in mir*[37] setzte der bislang Unpolitische seinen Gemütszustand mit den unruhigen und ungewissen Zeiten gleich. Seinem ehemaligen Schulfreund Fritz Prang schrieb er am 13. November 1918 über seine diffusen Zukunftserwartungen: *Es ist ja bitter diese schweren Stunden unseres Vaterlands miterleben zu müssen, doch wer weiß, ob wir nicht doch noch Gewinn daraus ziehen. Ich glaube Deutschland hat den Krieg verloren und für unser Vaterland ist er doch gewonnen. Wenn der Wein gärt, kommen alle schlechten Bestandteile an die Oberfläche, doch sie werden abgeschöpft und Köstliches bleibt nur zurück.*[38]

Anfang November 1918 protestieren Kieler Matrosen gegen die Fortsetzung des Krieges. Binnen weniger Tage erreicht die revolutionäre Welle auch Berlin, wo Philipp Scheidemann die «Deutsche Republik» ausruft. Wilhelm II. dankt ab. Die Monarchie in Deutschland ist damit de facto beendet.

Angesichts der folgenden, fast vier Jahre währenden politischen Kämpfe, Morde und Putschversuche blieben Goebbels'

Novemberrevolution: Menschenmenge auf der Straße
Unter den Linden, 9. November 1918

Worte nur ein patriotischer Wunschtraum. Der mittellose Student war zu dieser Zeit jedoch viel zu sehr mit sich selbst und seinen literarischen Fingerübungen beschäftigt, als dass er die politische Situation wirklich hätte realistisch einschätzen können. Stattdessen erging er sich in vaterländischen Beschwörungsformeln, die ebenso wolkig und phrasenhaft anmuten wie zu Schulzeiten. *Wenn ich leben könnte, ich wollte mit Deutschland leben lernen und wiederauferstehen, wenn nicht zu politischer, so doch zu moralischer Höhe*[39], schrieb er Anka.

Zu aktivem Handeln stachelten ihn die turbulenten Anfangsjahre der Weimarer Republik noch nicht an. Er begnügte sich vorerst mit Abwarten. *Wir sind ein armes Volk, und wer noch einen Funken Liebe zu seinem deutschen Vaterlande in sich fühlt, dem bleibt nichts anderes übrig, als eine Faust in der Tasche zu machen und zu schweigen*[40], teilte er seiner Freundin wenig später entmutigt mit. Bei den Wahlen zur Nationalversammlung im Frühjahr 1919 gab er, eher einem emotionalen Impuls als einer inneren Überzeugung folgend, der katholisch-nationalkonservativen Bayerischen Volkspartei seine Stimme. Vom Wahlausgang zeigte er sich enttäuscht, er verschaffte den demokratischen Parteien deutliche

Gewinne und bahnte dem Sozialdemokraten Friedrich Ebert als Reichspräsident den Weg an die Spitze des Staates. Dieses Ergebnis konnte für ihn nur davon zeugen, wie *wenig das Volk zur Republik reif*[41] sei.

Er selbst rang weiter mit den Klassengegensätzen, die ihn und seine Beziehung zu Anka immer stärker belasteten, zumal ihm auch ihre Eltern keine Sympathien entgegenbrachten. In seinem zweiten Dramenversuch, *Heinrich Kämpfert*, nahm er die persönliche Krise nun zum Anlass, um sozialkritische Töne anzuschlagen. *In dem Reichtum liegt auch eine ungeheure Verantwortung, eine Verantwortung gegen die Klassen, die darben und hungern. Und wenn man diese Verantwortung ignoriert, so beschwört man die Geister herauf, die nie mehr zu bremsen sein werden: die soziale Gefahr*[42], heißt es aus dem Munde des sozialrevolutionären Protagonisten Kämpfert.

Erstmals setzte sich Goebbels jetzt auch intensiver mit sozialistischen Ideen auseinander. Mit seinem ehemaligen Schulfreund und jetzigen Kommilitonen, dem Bauernsohn Richard Flisges, diskutierte er nächtelang über die Theorien von Karl Marx und Friedrich Engels, die «Soziale Frage» und Dostojewskijs Bild vom Erlöser und der Rolle Gottes.

Beherrschend blieben für Goebbels jedoch auch weiterhin seine persönlichen Probleme. Nach wie vor suchte er nach sich selbst und seiner Rolle in der Gesellschaft. Während die Dramen nur einzelne Facetten seiner inneren Konflikte widerspiegelten, zeichnete er im August 1919 ein relativ selbstkritisches Porträt von sich. In der autobiographisch gefärbten Novelle *Michael Voormann's Jugendjahre*[43] sprach er in der dritten Person ganz offen über die psychischen Folgen seiner Behinderung und seinen Hass auf die Menschen. *So war er auf dem Wege, an Stelle eines ganz gefestigten Charakters, ein tyrannischer Sonderling zu werden*[44], heißt es an einer Stelle. In seinem Protagonisten erkannte er Charakterzüge, die sich bei ihm immer stärker abzeichneten.

Noch aber projizierte Goebbels all seine eigenen Erlebnisse und Wünsche auf fiktive Personen und Plots. In einem Dramenfragment lässt er statt seiner Proletarier auf die Barrikaden gehen und gegen die soziale Ungerechtigkeit kämpfen. *Oh, wie schön ist es, hassen zu können*, ereifert sich der Held seines 1920 geschriebenen Proletarierdramas *Die Arbeit*: *Ich weiß es, ich fühl's. Und dann wird ein Sturmwind über Euch hinwegfegen, und dann zerbricht alles, was faul und morsch ist.*[45] Eine Sentenz, die auch dem späteren Propagandisten hätte über die Lippen kommen können.

Mit dem rechtsradikalen Aktionismus sympathisierte er nur kurzfristig, es verfestigte sich vor allem sein Wunsch nach sozialer Gerechtigkeit. Im folgenden Drama *Die Saat* zeigte er sich voller Pathos davon überzeugt, dass der revolutionäre Kampf eine neue, strahlende, prächtige und gerechte Welt hervorbringen würde.

Doch von seinem sozialrevolutionären Elan war bald nichts mehr zu spüren. Nun trat erneut Privates in den Vordergrund. Denn mit seinen antikapitalistischen Parolen und seinen Stimmungsschwankungen schaffte er es, Anka endgültig zu vergraulen. Trotz theatralischer Selbstmorddrohung – sein Testament hatte er angeblich bereits geschrieben, seinen *literarischen Nachlaßverwalter*[46] in maßloser Selbstüberschätzung bestimmt – konnte er die Trennung nicht verhindern. Sie sollte ihn noch lange schmerzen. Goebbels vergrub sich in seine Studien, vor allem in die Lektüre von Oswald Spenglers «Der Untergang des Abendlandes», wo er seine düstere Weltsicht bestätigt fand. *Erschütternde Wirkung. Bis heute fortdauernd*[47], notierte er 1924 nachträglich in sein Tagebuch.

Sein Studienziel indes verlor er nicht aus den Augen. Der Doktortitel sollte schließlich die körperlichen und sozialen Defizite vergessen machen und seinen gesellschaftlichen Aufstieg vorbereiten. Seit dem Sommersemester 1920 an der Heidelberger Universität eingeschrieben, kam für ihn nur ein Professor von Rang als Doktorvater in Frage. Seine Wahl fiel auf den angesehenen jüdischen Literaturhistoriker Friedrich Gundolf.

Allerdings war der Spezialist für die Epoche der Romantik von der Prüfungsabnahme befreit, sodass er den enttäuschten Studenten an seinen weniger bekannten Kollegen Max von Waldberg verwies. Auch zu den elitären Kolloquien Gundolfs wurde Goebbels nicht eingeladen. Er musste sich mit einer Arbeit über den unbedeutenden romantischen Dramatiker Wilhelm Schütz begnügen.

Gleichwohl fühlte er sich dieser Randfigur der Literaturgeschichte geistig verwandt. So ist der wissenschaftliche Wert seiner gut 200 Seiten starken Doktorarbeit gering. Wie die literarischen Versuche trägt sie eher identifikatorische Züge und spie-

Oswald Spengler, 1930

Friedrich Gundolf, um 1930

gelt zugleich seine romantisch verklärte Sicht auf die Welt. Bereits das der Dissertation vorangestellte Zitat des russischen Dichters Fjodor Dostojewskij zeigt, welchen geistigen Strömungen er sich verpflichtet fühlte: *Vernunft und Wissen jedoch haben im Leben der Völker stets nur eine zweitrangige, eine untergeordnete Rolle gespielt – und das wird ewig so bleiben. Von einer ganz anderen Kraft werden die Völker gestaltet und auf ihrem Wege vorwärts getrieben, von einer befehlenden und zwingenden Kraft, deren Ursprung vielleicht unbekannt und unerklärlich bleibt, die aber nichtsdestoweniger vorhanden ist.*[48]

Der Doktorand nahm die literarische Fiktion als realistische Zustandsbeschreibung wahr und sah denn auch so manche Parallele zwischen der romantischen Epoche des 19. Jahrhunderts und dem frühen 20. Jahrhundert aufscheinen, wenn er konstatierte: *[...] nirgendwo zeigt sich Erfüllung, Ausgleich, Harmonie, Ruhe.* Nirgendwo sei *ein starkes Genie, das aus dem Chaos der Zeit auf neuen Wogen zu neuen Zeiten führt.*[49]

Selbst wenn Goebbels sich damals über die randalierenden Nationalsozialisten noch mit Zeilen wie *Seh ich nur ein Hakenkreuz, krieg ich schon zum Kacken Reiz*[50] amüsierte: Seine Suche nach einer erlösenden Führerfigur kündigte sich bereits an. In Anbetracht der kommenden beruflichen Enttäuschungen war es nur noch eine Frage der Zeit, der Person und des richtigen Glaubens, welcher, in jedem Falle radikalen, Strömung er nun folgen würde.

«Eine große Null» – vom Sozialfall zum Sozialrevolutionär

Die ausgelassene Freude über das im November 1921 bestandene Rigorosum und den akademischen Grad währte nicht lange. Zwar katapultierte ihn der Doktortitel formal ins Bildungsbürgertum, die Gewähr für eine rasche und feste Anstellung bot er in den ersten Nachkriegsjahren jedoch nicht. Der ehrgeizige Nachwuchsautor wollte ohnehin möglichst rasch als Schriftsteller oder als Journalist reüssieren. Zunächst bemühte er sich noch um diverse Redakteursposten, hatte aber in den folgenden zwei Jahren mit seinen wenigen Bewerbungen keinen Erfolg. Nachträglich ein Staatsexamen zu erwerben, sprich: eine gesicherte bürgerliche Existenz als Studienrat anzusteuern, vertrug sich nicht mit seinen hochfliegenden, freigeistigen Plänen.

So zog er es vor, in der stillen elterlichen Dachkammer weiterhin Gedichte, Dramen und Aufsätze zu schreiben und sich mit Nachhilfestunden und Zeitungsartikeln über Wasser zu halten. Doch brachten ihm seine Artikel statt des erhofften Ruhms und des dringend benötigten Geldes meist nur Verdruss ein. Außer ein paar regionalen Blättern wollte sie keiner drucken.

In den wenigen veröffentlichten Artikeln, wie *Der Geist unserer Zeit* oder *Der Sinn unserer Zeit*, schimpfte er auf das angeblich für alle Missstände verantwortliche Weimarer «System» und sehnte sich nach dem Aufbruch in neue Zeiten und einer mystischen, das ganze Volk erlösenden Führergestalt. All seine literarischen und journalistischen Versuche kreisten mehr oder weniger um diesen Themenkomplex. Oder aber sie atmeten einen weltentrückten romantischen Geist, der sich in Titeln wie *Zigeunerblut*, *Die die Sonne lieben* oder *Bin ein fahrender Schüler* ausdrückten.

Seine politischen und literarischen Visionen ließen ihn genauso wenig zur Ruhe kommen wie seine Geldsorgen, die er allein nicht zu schultern vermochte. Nur mit dem, was sein Vater oder seine neue Freundin, die Elementarschullehrerin Else Janke, ihm zusteckten, kam er mehr schlecht als recht über die Runden. Die anfangs etwas zurückhaltende, aus dem Nachbardorf Rheinfelden stammende Else war es auch, die ihm schließlich im Januar 1923 einen einfachen Bürojob bei einer Kölner Filiale der Dresdner Bank besorgte.

Das neunmonatige Intermezzo bei dem Kreditinstitut bewies aber nur, wie verhasst dem Kleinstadt-Bohemien ein einfaches, bürgerliches Dasein mit geregelten Arbeitszeiten war. *Man läßt mir keine Ruhe zu mir selbst zu kommen. Unbefriedigtsein in seiner Arbeit ist eine schreckliche Qual*[51], stöhnte er. Allein die chronische Geldnot und die Angst, seine treusorgenden Eltern zu enttäuschen, trieben ihn allmorgendlich in den *Tempel des Materialismus*[52], wie er seinen ersten Arbeitsplatz abschätzig nannte. Der *Widerwillen gegen die Bank*[53] und seine Tätigkeit bezog sich jedoch nicht nur auf die ihn geistig unterfordernde Büroarbeit oder das geringe Gehalt, sondern speiste sich auch aus seinen kapitalismuskritischen Ansichten.

Die Inflation und mit ihr die Schattenseiten des Wirtschaftssystems zeigten sich nirgendwo so unverhüllt wie im Bankgewerbe. Quasi aus nächster Nähe beobachtete er, wie die tägliche Geldentwertung vor allem zulasten der kleinen Sparer ging und nur einige wenige Spekulanten daran gut verdienten. *Ihr sprecht von Kapitalanlagen, aber hinter diesen schönen Worten verbirgt sich nur der tierische Hunger nach mehr. Ich sage tierisch: das ist beleidigend für das Tier; denn das Tier frißt nur bis es satt ist.*[54]

Da er nun hautnah miterlebte, wie einige seiner höhergestellten Kollegen Kapital aus der Inflation schlugen, meldete sich sein sozialistisches Bewusstsein stärker als je zuvor. Mitunter spielte dabei auch der Neid des Besitzlosen eine Rolle, schließlich gab er als gut verdienender Reichsminister später das Geld mit vollen Händen aus. Doch von solchen Reichtümern konnte Goebbels Ende 1923 nur träumen.

Als Reaktion auf seine persönliche, aber auch auf die politische Krise arbeitete er zeitgleich an der Fortsetzung seines autobiographischen Romans. Das neue Werk erhielt den dramatischen Titel *Michael Voormann. Ein Menschenschicksal in Tagebuchblättern.* Hierin mischt sich Goebbels' pseudoreligiöse Heldenverehrung mit dem Wunsch nach revolutionärer Erneuerung. Sein Protago-

Inflationszeit: Kinder spielen mit Geldbündeln, 1923

nist Michael ist wie er ein Gottsucher, den es nun aber von den *toten Büchern* zur gestaltenden Tat drängt und der Liberalismus wie Kapitalismus als Teufelswerk verdammt: *Liberalismus, das heißt, ich glaube an den Mammon. Sozialismus, das heißt, ich glaube an die Arbeit.*[55] Sein Traum: die Herrschaft der wenigen, sein Feindbild: die Demokratie. *Herrschen wird immer eine Minderheit. Das Volk hat nur die Wahl, ob es unter offener Diktatur der Kühnen leben, oder unter heuchlerischer Demokratie der Feigen sterben will.*[56]

Darüber hinaus dichtet Goebbels seinem Helden all jene körperlichen und charakterlichen Eigenschaften an, von denen er selbst immer geträumt hatte. So springt Michael quicklebendig über die Felder und kämpft als tapferer Soldat auf den Schlachtfeldern des Ersten Weltkriegs. Vor allem findet er im Gegensatz zum ewig schwankenden Goebbels einen ideologischen Halt. *Jawohl! Weltanschauung ist: ich stehe an einem festen Punkt und betrachte unter einem ganz bestimmten Blickwinkel das Leben und die Welt. Das hat gar nichts mit Wissen und Bildung zu tun.*[57]

Als Goebbels wenig später seine eigene Ideologie gefunden hatte, überarbeitete er den Roman mehrfach im nationalsozialistischen Geiste, um ihn 1928/29 für die Veröffentlichung im Parteiverlag freizugeben. Michael erlitt kein *Menschenschicksal* mehr, sondern ein *Deutsches Schicksal.* Und auch Hitler bekam nun die Rolle desjenigen Führers zugewiesen, der *Quader für Quader zu einem Dom der Zukunft baut.* Auch antisemitische Formulierungen, wie: *Der Jude ist für mich direkt ein körperliches Ekel. Ich bekomme Übelkeitsanfälle bei seinem Anblick*[58], sind das Produkt späterer Korrekturen.

Noch während er seinem Roman den letzten melodramatischen Schliff gab, ließ er sich krankschreiben. Dabei war ihm durchaus bewusst, dass ihm die Bank alsbald kündigen würde – was sie im Oktober 1923 dann auch tat. Nur für kurze Zeit konnte er die Entlassung als persönliche Befreiung empfinden. Als er seine Arbeitslosigkeit beichtete, war die Enttäuschung und Verärgerung bei seiner Freundin und seiner Familie groß. Seine beruflichen, familiären und seelischen Konflikte fielen im November unmittelbar mit dem Höhepunkt der politischen und wirtschaftlichen Krise in Deutschland zusammen: Hitlers Putschversuch in München, der passive Widerstand gegen die französische Besetzung des Ruhrgebiets und die katastrophalen Folgen der Inflation drohten die Weimarer Republik in den Herbstmonaten fast zu zerstören. Goebbels jedoch blieb ganz in seinen eigenen Problemen gefangen und nahm von Hitlers «Marsch auf die Feldherrnhalle» und den anderen Ereignissen nur über die Presse Notiz. Aus seiner Sicht waren sie lediglich ein Beleg für die Schwäche des von ihm verhassten Systems.

Gleichwohl dachte er noch nicht daran, sich der antiparlamentarischen Rechten anzuschließen, obwohl sein bester Freund Fritz Prang bereits seit 1922 mit der NSDAP sympathisierte und von ihr vorschwärmte. Die offiziellen Parteibiographien wussten

Joseph Goebbels, 1923

später über diesen Abschnitt seines Lebens freilich ganz anderes zu berichten. So hieß es, er habe etwa schon 1922 eine Versammlung der NSDAP besucht, 1923 aktiv am Ruhrwiderstand teilgenommen, Plakate geklebt, fahrende Züge erklommen und im revolutionären Elan eiskalte Flüsse durchschwommen. In Wirklichkeit strebte er nach der Entlassung aus der Bank weiterhin eine Karriere bei der schreibenden Zunft an.

Solange es noch um die Verwirklichung seiner beruflichen Träume ging, blieb Goebbels in Fragen der politischen Gesinnung opportunistisch. Als er sich im Januar 1924 beim «Berliner Tageblatt» als Redakteur bewarb, störte ihn weder die liberaldemokratische Linie der renommierten Tageszeitung noch die Tatsache, dass Verleger und Chefredakteur Juden waren. Der Not oder auch der eigenen Eitelkeit gehorchend, war er sich auch nicht zu schade, die Lücken im Lebenslauf mit erfundenen Arbeiten zu glätten und seine bisherigen literarischen Aktivitäten sprachlich aufzupolieren.

Doch angesichts der prekären Wirtschaftslage brachten ihn weder der Selbst- noch der Fremdbetrug ans Ziel. Die Absagen verstärkten bei ihm nur das Gefühl, ein verkanntes Genie zu sein. Der Hass auf alles und jeden gewann 1924 genauso extreme Konturen wie der Wunsch nach einer ihn befreienden Aufgabe. Wie der Titelheld seines Romans brach sich in Goebbels' Denken die Maxime Bahn: *Woran man glaubt ist gleichgültig, wichtig ist, daß man glaubt.*[59] Gleichwohl bedurfte es noch einer konkreten Figur oder einer konkreten Aufgabe.

Im Frühjahr 1924 erregte der Münchner Hochverratsprozess reichsweit Aufsehen und machte Goebbels auf Adolf Hitler und seine mittlerweile verbotene Partei aufmerksam. Wegen des Verbots sammelten sich die nunmehr versprengten Nationalsozialisten in diversen völkischen Tarnorganisationen, die, wie etwa in Goebbels' Heimatwahlkreis, im «Völkisch-Sozialen Block» vorübergehend heimisch wurden. Nach dem Besuch einer der Veranstaltungen dieses «Blocks» in Wuppertal-Elberfeld war er anfangs eher abgestoßen als besonders angetan. *Das sind also die Führer der völkischen Bewegung im besetzten Gebiet. Ihr Juden, ihr Herren Franzosen und Belgier, ihr braucht keine Angst zu haben. Vor denen seid ihr sicher. Ich habe selten eine Versammlung mitgemacht, in der soviel geschimpft wurde, wie in der gestrigen. […] Kein erlösendes Wort, kein überstrahlender Gedanke.*[60]

Erst auf dem großen Weimarer Vereinigungsparteitag des Wahlbündnisses im August 1924 traf er Persönlichkeiten, von denen er sich eine bessere Zukunft versprach. Die Begegnung mit dem Weltkriegsgeneral Erich Ludendorff beeindruckte ihn ebenso wie das Zusammentreffen mit Gregor Strasser, der den sozialistischen Flügel der NSDAP im Nordwesten Deutschlands zusammenhielt und schon bald sein Förderer wurde. Viel stärker als inhaltliche Beschlüsse jedoch faszinierten ihn in Weimar der Gemeinschaftsgeist und der soldatische Pomp mit Heilrufen, Märschen und Fahnen. *Ein endloser Festzug mit Fahnen und Hakenkreuzen. […] Mir läuft's eiskalt den Rücken herunter. […] Ich fange an völkisch zu denken. Das hat nichts mehr mit Politik zu tun. Das ist Welt-*

anschauung. Ich fange an Untergrund zu finden. Boden, auf dem man stehen kann[61], notierte er voller Emphase.

Diese Ideologie durfte er alsbald auch öffentlich propagieren. Denn in Weimar hatte ihn der Reichstagsabgeordnete der «Völkischen Freiheitspartei», Friedrich Wiegershaus, zum leitenden Redakteur seines nationalradikalen Kampfblättchens «Völkische Freiheit» gemacht, das unweit von Goebbels' Heimatort erschien. In den Rubriken «Politisches Tagebuch» und «Streiflichter» schrieb Goebbels nicht nur gegen die demokratischen Politiker an, sondern auch gegen all jene, die ihm den Weg in das Weimarer Kulturleben versperrt hatten. Die erträumte Rolle des Poeten tauschte er nun endgültig gegen die des politischen Journalisten ein.

Zusammen mit Prang gründete er bereits am 21. August 1924 die Gladbacher Ortsgruppe der «Nationalsozialistischen Freiheitsbewegung Großdeutschlands». Als frischgebackener Lokalpolitiker stellte er nun auf Kundgebungen sein rhetorisches Talent unter Beweis. Von seinen ersten politischen Auftritten an bewies der etwa 1,60 Meter kleine Mann eine große Begabung, die Zuhörer zu manipulieren und für seine Botschaften zu interessieren. Show-Effekte waren ihm dabei von Anfang an wichtig. So reagierte er einmal auf den Zuruf eines Kommunisten, er sei ein kapitalistischer Ausbeuter, mit einem einfachen, aber eindrucksvollen Trick. Er holte den Zwischenrufer auf die Bühne, bat ihn, das Portemonnaie auszuleeren, zog daraufhin sein eigenes heraus und sagte: *Dann werden wir ja sehen, wer von uns mehr Geld hat.*[62] Natürlich herrschte wie immer in Goebbels' Geldbörse gähnende Leere. Allein durch Schlagfertigkeit und einen Taschenspielertrick hatte er sich den Respekt des Publikums erworben. Fortan perfektionierte er diese Kunst, mit der er immer wieder von den inhaltlichen Defiziten des nationalsozialistischen Parteiprogramms abzulenken verstand.

> «Mein Ruf als Redner und politisch-kultureller Schriftsteller geht durch die Reihen der Anhänger des national-sozialistischen Gedankens im ganzen Rheinland. Auch eine Befriedigung! Heute abend muß ich in Neuß reden. Ich bereite mich nie vor. Aus dem Stegreif zu sprechen ist nicht halb so schwer, wie ich gedacht hatte.»
>
> Tagebuch, 27. September 1924

Die Sorgen der Arbeiter und Arbeitslosen, zu denen er sich

selbst noch zählte, nahm er freilich ernst. In seinen Reden und Artikeln wetterte er unablässig gegen die soziale Ungerechtigkeit und die *seelenlose materialistische Welt*[63]. Darüber hinaus wies er immer wieder darauf hin, woran das demokratische Prinzip und seine Parteien krankten. So schrieb er in einer Glosse für die «Völkische Freiheit»: *Der demokratische Führer ist ein Führer von Massen Gnaden. Er ist verpflichtet, dem Volk Augenblickserfolge fortlaufend aufzuweisen, sonst wird er von seinen unzufriedenen Wählern hinweggefegt. […] Auf der einen Seite muß er der launischen Volksgunst schmeicheln, auf der anderen Seite der gefährlichen Macht des Geldes seine Referenz erweisen.*[64]

Der Demokratie setzte er sogleich sein pathetisches Führerideal entgegen. *Nicht die Masse trägt den Gedanken der Zukunft in sich, sondern der starke Einzelne, der den Mut und den Willen zum Leben und zum Opfern hat.*[65] Als Verkörperung dieses Ideals pries er den noch im Landsberger Gefängnis inhaftierten Hitler. Obgleich er ihm noch nie begegnet war, feierte er ihn bereits in einer Sonderausgabe der «Völkischen Freiheit» hymnisch als *Steuermann in der Not, den Apostel der Wahrheit, den Führer zur Freiheit*[66].

Doch alle Beschwörungsformeln halfen nichts. Die «Nationalsozialistische Freiheitsbewegung» verlor bei der Reichstagswahl im Dezember 1924 gegenüber der letzten Wahl, bei der sie als NSDAP angetreten war, fast eine Million Wähler und erhielt nur drei Prozent der Stimmen. Goebbels, der noch nicht kandidierte, ließ sich davon keineswegs entmutigen, gerierte sich als Kämpfer, der er im bürgerlichen Leben nicht sein konnte, und forderte *den reinen nationalsozialistischen Gedanken, das rücksichtslose Bekenntnis zum Sozialismus, der unser Schicksal und unsere welthistorische Bedeutung ist*[67].

Wie wenig Hitler von seinen sozialistischen Tönen hielt, sollte Goebbels bald merken. Ende Dezember 1924 entließen die bayerischen Justizbehörden den Putschisten nach nur neun Monaten vorzeitig aus der Haft. Als im Februar 1925 das Parteiverbot aufgehoben wurde, setzte Hitler bei der Neuordnung der NSDAP nunmehr auf Taktik statt auf Revolution und betraute Gregor Strasser mit der Parteileitung in Nordwestdeutschland. Strasser war Hitler zwar treu ergeben, hing aber ebenso wie Goebbels sozialrevolutionären Ansichten an.

Goebbels und Gregor Strasser (Zweiter v. l.) bei einem Marsch durch Herne, um 1926

In der Zwischenzeit hatte sich Goebbels als Redakteur der «Völkischen Freiheit» bei seinem völkisch und keineswegs nationalsozialistisch gesinnten Arbeitgeber Wiegershaus unbeliebt gemacht. Nicht zuletzt wegen seiner Hymnen auf Hitler kündigte er ihm im Januar 1925. Doch längst hatte sich Goebbels mit einem engen Vertrauten Strassers, dem Gauleiter von Rheinland-Westfalen, Karl Kaufmann, über neue Einsatzmöglichkeiten verständigt. Als sich die Nationalsozialisten unter der Führung Strassers dann im Februar wieder als Partei organisierten, trat Goebbels ihr kurzerhand bei. Bereits auf der Gründungsveranstaltung ernannte ihn die noch kleine Schar der Parteianhänger zum ehrenamtlichen «Geschäftsführer des Gaues Rheinland-Nord», weshalb er von Gladbach in die Nähe der Parteizentrale nach Elberfeld (heute Wuppertal) zog.

Nun trat Goebbels erstmals ganz offiziell als Redner der NSDAP in Erscheinung, um die verarmten Kleinbürger, Arbeiter und Arbeitslosen gegen die Weimarer Demokraten aufzuhetzen und sie für die eigenen Reihen zu gewinnen. Da Nationalsozialisten wie Kommunisten zumindest in Teilen um die gleiche

Klientel buhlten, kam es auch zu ersten gewaltsamen Zusammenstößen mit dem politischen Konkurrenten. Den Raufereien wich Goebbels bewusst nicht aus, wollte er doch sein Gebrechen mit Mut überspielen und jenen Kampfgeist demonstrieren, den er im Ersten Weltkrieg nicht hatte ausleben können.

Im Mittelpunkt seiner Aktivitäten stand jedoch noch nicht der gewaltsame Schlagabtausch mit dem politischen Gegner, sondern der Ausbau seiner innerparteilichen Position und die Klärung der Frage, was im Programm und der Propaganda der NSDAP stärker gewichtet werden sollte: der Nationalismus oder der Sozialismus. Innerhalb der Gau-Geschäftsstelle kam es darüber zum Streit zwischen ihm und dem Gauleiter Axel Ripke. Goebbels, dem in Elberfeld wegen seiner radikalen Ansichten bereits der Ruf eines «Robespierre» vorauseilte, trat immer noch vehement für sozialistische Ziele ein. Dabei klammerte er sich an den Glauben, dass Hitler seine Wege zum Klassenkampf mitgehen würde – auch wenn ihm aus der Parteizentrale in München immer wieder Gegenteiliges zu Ohren gekommen war. Um seinen politischen Vorstellungen Nachdruck zu verleihen, setzte er auf seine Überzeugungskraft als Redner und sein publizistisches Forum, die «Nationalsozialistischen Briefe». Er selbst hat die Gründung dieser von Strasser herausgegebenen Kampfschrift angeregt.

Allerdings überschätzte er seinen eigenen Einfluss und den des linken Strasser-Flügels innerhalb der NSDAP ebenso sehr wie Hitlers Bereitschaft, den Sozialismus ins Zentrum seiner Politik zu rücken. Bisweilen kamen ihm deshalb Zweifel, ob Hitler wirklich der auserwählte Heilsbringer sei, und er fragte sich: *Wer ist dieser Mann? Halb Plebejer, halb Gott. Tatsächlich der Christus oder nur der Johannes?*[68]

Doch als er seinem *Messias*, vermutlich im Herbst 1925, die ersten Male bei Kundgebungen der NSDAP persönlich gegenüberstand, zeigte er sich sofort geblendet von dessen Ausstrahlung. *Alles hat dieser Mann, um König zu sein. Der geborene Volkstribun. Der kommende Diktator*[69], hielt er in seinem Tagebuch fest. Hitler erkannte seinerseits bald, welch talentierten und treuen Anhänger er in Goebbels haben würde. Und der stetig nach Anerkennung suchende Goebbels saugte fortan die von Hitler genau kalkulierten Gunstbeweise wie ein Schwamm auf. Seine Bewunderung kannte kaum noch Grenzen. Sätze in der Art: *Wie lieb ich ihn habe* oder *Bis dahin waren Sie mein Führer. Da wurden Sie mein Freund. Ein Freund und Meister, dem ich mich bis zuletzt an eine gemeinsame Idee verbunden fühle*[70], tauchen in Goebbels' Tagebüchern immer wieder auf. Diese mentale Bindung an Hitler riss von nun an nicht mehr ab.

Bei aller Bewunderung hielt er jedoch vorerst noch an seinen politischen Prioritäten fest und verkündete im Januar 1926 auf einer Versammlung der Gauleiter West- und Norddeutschlands: *National und sozialistisch! Was geht vor, was kommt nach? Bei uns im Westen kann die Frage gar nicht zweifelhaft sein. Zuerst die sozialistische Erlösung, dann kommt die nationale Befreiung wie ein Wirbelwind.*[71] Trotz des Gegenwinds aus der Münchner Zentrale verteidigte er unvermindert seine Botschaft: *In allen Städten bemerke ich mit heller Freude, daß unser, d. h. der sozialistische Geist marschiert. Kein Mensch glaubt mehr an München. Elberfeld soll das Mekka des Sozialismus werden*[72], vermerkte er Anfang Februar 1926 in seinem Tagebuch noch voller Zuversicht.

Auf der Bamberger Führertagung am 14. Februar jedoch erteilte der Parteichef den radikalen sozialistischen Ideen in der NSDAP erstmals eine deutliche Absage. *Welch ein Hitler? Ein Reaktionär? Fabelhaft ungeschickt und unsicher. [...] Grauenvoll!*[73], notierte Goebbels nach dessen Auftritt entsetzt. Solche Kritik vertraute er selbstverständlich nur seinem Tagebuch an, Hitlers Ohren erreichte sie nie. Der sonst so redegewandte Goebbels brachte nach Hitlers Vortrag kein einziges Wort heraus, und auch sein Parteigenosse Strasser verteidigte die gemeinsamen sozialistischen Positionen nur unbeholfen.

Von der angeblich *größten Enttäuschung seines Lebens*[74] erholte Goebbels sich just in den Momenten, in denen ihn Hitler mit persönlichen Geschenken und Belobigungen überhäufte. Hitler hatte Goebbels' politisches und rhetorisches Talent genauso schnell erkannt wie dessen Eitelkeit und Karrierewillen. So lud er den ehrgeizigen Nachwuchsredner bereits zwei Monate später nach München ein. Nach großer Vorankündigung durfte er gemeinsam mit Hitler im «legendären» Bürgerbräukeller sprechen. In Anbetracht dieser Ehre verflogen die Zweifel an seinem Förderer. *Ich gebe alles. Man tobt, man lärmt. Am Schluß umarmt mich Hitler. Die*

Weimarer Parteitag der NSDAP am 3. Juli 1926: In einem Wagen stehend nehmen Hitler (Mitte) und Goebbels den Vorbeimarsch der SA ab. Rechts sitzend: Rudolf Hess

Tränen stehen ihm in den Augen[75], schrieb er überschwänglich ob dieser Anerkennung.

Hitlers eigener Vortrag führte dazu, dass Goebbels seine politischen Grundüberzeugungen immer öfter verleugnete. *Soziale Frage. Ganz neue Einblicke. Ich bin bei ihm in allem beruhigt. […] Ich beuge mich dem Größeren, dem politischen Genie*[76], heißt es da auf einmal. Schritt für Schritt nahm er nun von seinen sozialrevolutionären Positionen Abschied und opferte sie einer blinden Gefolgschaft und seiner politischen Karriere.

Auch wenn Goebbels in seinem Tagebuch immer wieder Kritik an Hitlers antirevolutionärem Kurs übte, besaß er doch mittlerweile genügend machtpolitischen Instinkt, um nicht wie die Parteigenossen im Nordwesten auf Strasser, sondern auf die durchsetzungsfähigere und charismatische Führerfigur aus München zu setzen. Umgekehrt zog Hitler ihn Strasser vor und hatte ihn schon für neue Aufgaben im Auge. Angesichts dieser Rückendeckung und dieser Perspektiven ging Goebbels kaum mehr ein Risiko ein, wenn er sich in den «Nationalsozialistischen Briefen» von seinen misstrauisch gewordenen Weggefährten mit ungewohnt brüsken Worten abwandte: *Klügelt nicht aus, was über den Horizont des real Erreichbaren meilenweit hinausgeht. Versprecht nicht, was ihr nicht halten könnt. Werdet Realisten der Revolution, damit ihr einst Realisten der Politik werden könnt.*[77]

Joseph Goebbels hatte aus Karrieregründen einen radikalen Kurswechsel vollzogen. Ideologische Prinzipien waren ihm spätestens jetzt weniger wichtig als sein Streben nach Macht und Anerkennung. Nicht Nationalismus oder Sozialismus bestimmte von nun an seine Weltanschauung, sondern allein, wie Hitler darüber dachte. *Ich bin so etwas wie glücklich. Dieses Leben ist schon wert, gelebt zu werden. ‹Mein Kopf wird schon nicht in den Sand rollen, bis meine Mission erfüllt ist›. Das waren seine letzten Worte*[78], erinnerte sich Goebbels der ermutigenden Worte seines neuen Spiritus Rector.

Seine eigene Mission führte ihn nicht wie erhofft nach München, sondern gegen seinen ursprünglichen Willen in die Reichshauptstadt. *Alle wollen mich nach Berlin als Retter. Ich danke für die Steinwüste*[79], beschwerte er sich zunächst. Doch als Hitler ihn Ende Oktober 1926 offiziell zum Gauleiter von Berlin ernannte, um den gerade mal tausend Mann zählenden Parteihaufen zu «säubern» und das sozialdemokratisch dominierte Berlin in eine Nazi-Hochburg zu verwandeln, beugte sich Goebbels ohne Widerworte. Ganz im Gegenteil: Plötzlich war er Feuer und Flamme für den neuen Einsatzort. *Berlin ist perfekt. Hurra! Nun geht's in einer Woche in die Reichshauptstadt. Ade Elberfeld!*[80], schrieb er kurz vor seiner Abfahrt und nahm sich vor, *in diesem Augiasstall den Herkules*[81] zu mimen. Von Hitler mit unumschränkten Vollmachten ausgestattet, wollte er in Berlin auf dem *Sumpfboden einer sterbenden Kultur*[82] eine «blühende» nationalsozialistische Landschaft errichten.

«Das Tempo in Berlin bestimmen wir» – wie man eine Demokratie sabotiert

Am 9. November 1926 in Berlin angekommen, war vom *Sündenpfuhl* kaum mehr die Rede, auch wenn Goebbels' Verhältnis zu diesem *Stadtungeheuer*[83] immer ein gestörtes blieb. Die Viermillionenmetropole sollte nun für den Rest seines Lebens zum Mittelpunkt seines politischen Wirkens werden.[84]

Bei seiner Ankunft spielte die NSDAP im politischen Machtgefüge der Stadt allerdings noch eine verschwindend kleine Rolle. Traditionell dominierten hier SPD und KPD. Überdies schuf die Stabilisierung der Republik keine günstigen Bedingungen für die Partei der extremen Rechten. Zuallererst aber lag es an den heillos miteinander zerstrittenen Parteimitgliedern, die Goebbels auf Linie bringen und in eine schlagkräftige Truppe verwandeln musste, um Hitlers Vertrauen zu rechtfertigen. *Diese Partei war nicht manövrierfähig. Man konnte sie im entscheidenden politischen Kampf, ganz abgesehen von der Zahl, schon ihrer Güte nach nicht einsetzen. Man mußte sie zuvor einheitlich formen, mußte ihr einen gemeinsamen Willen eingeben und sie mit einem neuen, heißen Impuls beseelen*[85], stellte Goebbels 1934 rückblickend fest. Dank Hitlers persönlicher Protektion, dessen Generalvollmacht und seinem eigenen organisatorischen Geschick gelang es ihm in relativ kurzer Zeit, die Partei neu zu strukturieren und die Mitglieder – etwa durch Androhung eines Parteiausschlusses – zu disziplinieren.

In zahllosen Veranstaltungen trichterte er den Berliner Parteianhängern die *Grundideen des Nationalsozialismus*[86] ein, ohne freilich mit ihnen die Lösung politischer Tagesfragen zu diskutieren. *Und das ist das Glück unserer jungen Bewegung, daß sie noch so jung und noch so arm an wirklich großen führenden Köpfen ist, natürlich nicht im Verhältnis zu den anderen Parteien. Es ist gut, das dem so ist. Weil nunmehr die wirklich großen Köpfe unserer Bewegung gezwungen sind, nicht nur dieses oder jenes Spezialgebiet zu bearbeiten, sondern, weil der wirklich führende Kopf alles zugleich sein muß: Propagandist,*

Organisator, Redner, Schreiber. Er muß mit Menschen umgehen können, muß Geld herbeischaffen können, Artikel schreiben können und vieles mehr[87], beschrieb er die Aufgaben eines idealen Parteigenossen.

Schon bald scharte sich um ihn ein kleiner, aber umso treuerer Haufen mit der SA als politischer Schlägertruppe. Ganz offensichtlich übten die Parolen wie auch sein von Lob und Tadel geprägtes Regiment eine ungemeine Anziehungskraft aus. So hielt denn auch der später von ihm zum Märtyrer der Bewegung stilisierte Horst Wessel in seinem Tagebuch fest: «Die Parteigenossen hingen an ihm mit großer Liebe. Die SA hätte sich für ihn in Stücke schlagen lassen. Goebbels, das war wie Hitler selbst.»[88]

Goebbels schulte und entfaltete in den ersten Berliner Jahren sein ganzes organisatorisches und propagandistisches Talent. Er hatte sofort erkannt, worauf es in einer Großstadt ankam, um sich von den anderen rechtsextremen Gruppierungen abzuheben. *Berlin braucht seine Sensation wie der Fisch das Wasser. Diese Stadt lebt davon, und jede politische Propaganda wird ihr Ziel verfehlen, die das nicht erkannt hat.*[89] Seine denkbar einfache Taktik bestand im kalkulierten und öffentlichkeitswirksamen Krawallmachen. Mit Saalschlachten, Straßenkämpfen und Propagandamärschen, die sich wesentlich gegen die «Roten» richteten, machte er nun von sich und seiner noch kleinen Parteitruppe in bescheidenem Umfang reden.

Größeres Aufsehen erregte Goebbels erstmals am 11. Februar 1927, als er eine Kundgebung in den «Pharus-Sälen», dem traditionellen Versammlungsort der Kommunisten, organisierte. Die blutigen Schlägereien mit den protestierenden KPD-Anhängern hatte er bewusst eingeplant. In eindeutiger Überzahl, schlugen die Nationalsozialisten auf die Mitglieder des kommunistischen Roten Frontkämpferbundes ein und sicherten sich die ersten Schlagzeilen in der Großstadtpresse. Goebbels' Kalkül war fürs Erste aufgegangen, zumal die Partei nach der blutigen Veranstaltung einige Neuzugänge verbuchen konnte.

Gezielte Angriffe und Provokationen gegenüber Kommunisten und Demokraten zählten von nun an ebenso zu seinem Propagandarepertoire wie fackelgesäumte Aufmärsche und demonstrative Freiluftkundgebungen sowie Züge durch sozialistische Arbeiterviertel. Jede dieser Aktionen schlachtete Goebbels

Berliner SA-Standarte auf einem Propagandamarsch in Spandau, 1932

weidlich aus und stilisierte die Opfer in den eigenen Reihen zu Märtyrern der Bewegung. Mitgefühl für die im politischen «Kampf» gefallenen Parteisoldaten zeigte er allerdings nur, wenn es seine eigene Person besser und den Gegner schlechter aussehen ließ. Um den von Kommunisten ermordeten SA-Mann Horst Wessel herum webte Goebbels eine der wirkungsmächtigsten Legenden. *Der Kampf muß und wird mit Brachialgewalt durchgefochten.*

Und das ist gut so![90], lautete seine «durchschlagende» Devise bis zur Machtübernahme.

Gleichwohl schoss er mit dieser Taktik zunächst noch über das Ziel hinaus. Als SA-Männer bei einer Parteiveranstaltung auf sein Geheiß hin einen evangelischen Pfarrer krankenhausreif prügelten, weil dieser «Ja, ja, Sie sind der richtige germanische Jüngling»[91] gerufen hatte, wurde er für das von ihm angezettelte «politische Rowdytum» im Mai 1927 mit einem Partei- und Redeverbot bestraft. Für ein ganzes Jahr musste Goebbels auf die öffentlichkeitswirksamen Auftritte seiner Krawallmacher verzichten, mit denen er die Republik mürbe machen wollte. Seine innerparteilichen Gegner, vor allem die ihm mittlerweile feindlich gesonnenen Brüder Otto und Gregor Strasser, frohlockten ob der nach hinten losgegangenen Taktik permanenter Provokation.

Doch weder Angriffe aus den eigenen Reihen noch der Maulkorb, den ihm der Berliner Polizeipräsident verpasst hatte, verdrängten ihn von der politischen Bühne. *Trotz Verbot – nicht tot*[92], lautete seine Losung. Als Redner war er zwar bis Oktober 1927 zum Schweigen gebracht, nicht aber als Journalist, als der er nun wieder für die NSDAP in den politischen Ring stieg.

Seit Anfang Juli 1927 gab er die Wochenzeitung *Der Angriff* heraus. Nach einigen Anlaufschwierigkeiten schlug er mit dieser Publikation nicht nur die konkurrierende Strasser-Presse aus dem Feld, sondern er machte sie neben dem reichsweit vertriebenen «Völkischen Beobachter» zum polemischsten und perfidesten Sprachrohr der NSDAP. Goebbels betrachtete sein Blatt ganz offen als publizistische Kriegserklärung an die Weimarer Republik. Die ehrverletzenden Kommentare und Karikaturen zum Zeitgeschehen sollten das *ganze Empfinden und Denken des Lesers in eine bestimmte Richtung* lenken und bei ihm gezielt den Hass gegen Kommunisten und Demokraten schüren.

Sein Wochenblatt zielte aber von Anfang an auch gegen die jüdische Bevölkerung, die er als *Dämonen des Verfalls* und *bewußte Zerstörer unserer Rasse*[93] beschimpfte. Mit drastischem Spott überschüttete er insbesondere den jüdischen Vizepolizeipräsidenten von Berlin und kämpferischen Republikaner Bernhard Weiß, der scharf über das Parteiverbot wachte. *Isidor*, wie Goebbels seinen Erzfeind abschätzig titulierte, strengte eine Reihe von Verleumdungsprozessen gegen ihn an. Doch Goebbels wusste sich den Gerichtsverhandlungen durch Flucht immer wieder auf abenteuerliche Weise zu entziehen, oder er nutzte sie für seine Propagandazwecke.

Die organisatorischen Strukturen der Berliner Partei blieben während des Verbots weitgehend erhalten. Hinter Vereinen wie dem Kegelclub «Alle Neune» oder dem Schwimmverein «Hohe Welle» verbargen sich diverse nationalsozialistische Tarnorganisationen, die nach der Aufhebung des Parteiverbots am 31. März 1928 wieder in der NSDAP aufgingen. Trotz seiner Untergrundarbeit und eines Blitzwahlkampfs vermochte es Goebbels jedoch nicht, die im Mai dieses Jahres stattfindenden Reichstagswahlen zu einem *entscheidenden Triumph*[94] werden zu lassen. Gerade einmal 1,6 Prozent der Berliner Wahlberechtigten liehen den Nationalsozialisten ihre Stimme. Und auch im Reich war es nur ein Prozent mehr.

Ein schöner Erfolg[95], wie er nach der Wahl behauptete, war höchstens der Einzug von zwölf «braunen» Abgeordneten in den Reichstag. Einer von diesen war er selbst. Allerdings legte er wenig Wert darauf, dort als Redner aufzutreten: *Wenn man als parlamentarischer Neuling diesen demokratischen Schwindel hier mitmacht, dann kann es einem allerdings grün und blau vor den Augen werden*[96], bemerkte er während der ersten Reichstagssitzung abschätzig.

Der erklärte Republikfeind erfreute sich vielmehr an den Abgeordnetenbezügen und der Immunität, die ihn von nun an bei seinen Hetzkampagnen vor strafrechtlicher Verfolgung schützte. Außerdem kam er in den Genuss einer Freifahrkarte der Deutschen Reichsbahn, mit der er künftig kostenlos seine Wahlkampftouren bestreiten konnte. Nicht ganz zu Unrecht erklärte er später, dass es *immer einer der besten Witze der Demokratie [sein wird], daß sie ihren Todfeinden die Mittel selber stellte, durch die sie vernichtet wurde*[97]. *Längst reif zum Untergang*[98] erschien ihm die Weimarer Republik schon 1928. Noch allerdings überschätzte Goebbels das politische Gewicht der NSDAP, die zwar stetig, aber nur langsam andere rechtsextreme Kräfte auf ihre Seite zog.

Erst als im Herbst 1929 die nach wie vor ungelöste Reparationsfrage auf der politischen Agenda stand und der Crash an der New Yorker Wall Street Deutschland in eine tiefe Wirtschaftskrise stürzte, erhielten Goebbels und seine Partei deutlichen Aufwind. In dieser Situation verstand er es jedes Mal, den richtigen Zeit- und Streitpunkt für seine Auftritte und Attacken zu wählen.

«[...] der Berliner Gauleiter sprach. Wie verschieden von Hitler der Eindruck: viele Phrasen, gut placiert und schneidend formuliert; eine tobende Menge, die zu immer fanatischeren Begeisterungs- und Haßstürmen geführt wurde, ein Hexenkessel entfesselter Leidenschaft, wie ich ihn bis dahin nur bei den Nächten des Sechstagerennens erlebt hatte.»
Albert Speer: Erinnerungen, 1969

Dass die Regierung unter Reichskanzler Hermann Müller (SPD) im Oktober 1929 gezwungen war, die finanziellen Forderungen der ehemaligen Kriegsgegner zu erfüllen, wenn ein gewaltsamer Konflikt vermieden werden sollte, wusste Goebbels nur zu gut. Dennoch nutzte er die allseits unpopuläre «Erfüllungspolitik» für seine Zwecke. Denn mit den Reparationen verbanden sich die bitteren Erinnerungen an den «Schandfrieden» von Versailles, für den auch er die demokratischen Politiker in Hetzreden und -artikeln allein verantwortlich machte und sich des Beifalls weiter Bevölkerungsteile sicher sein konnte.

Um den Reparationsplan per Volksentscheid scheitern lassen zu können, reichte Goebbels' hasserfüllte Agitation allein nicht aus. Man benötigte die Unterstützung anderer Republikfeinde, die Hitler von der bislang weitaus erfolgreicheren Deutschnationalen Volkspartei und anderen rechtskonservativen Gruppen erhielt. Das konservativ-nationalsozialistische Bündnis vermochte den «Young-Plan» – benannt nach dem US-Finanzminister – letztlich nicht zu kippen, dafür rückten die Nationalsozialisten dank der auflagenstarken nationalkonservativen Presse immer mehr ins Gesichtsfeld neuer Wählerkreise.

Auch wenn die NSDAP von dieser Aktion nachhaltig profitierte, war Goebbels der Schulterschluss mit dem rückwärtsgewandten Bürgertum von Anfang an ein Dorn im Auge. Revolution statt Reaktion hieß seine gegen die bürgerlichen Republikgegner gerichtete Devise. *Eine revolutionäre Idee – und die nationalsozialistische ist eine solche – duldet keine Kompromisse. Für sich allein ist sie richtig, mit fremden Zutaten falsch. Einer kann nur recht haben*[99], schrieb er 1935 rückblickend.

Wieder einmal schwenkte er unter innerlichem Protest auf Hitlers Kurs ein und unterstützte die Kampagne. Den von Hitler eingeschlagenen «legalen Weg zur Macht» vermochte er niemals in Richtung gewaltsamer Revolution zu verändern. Seine Macht reichte zu keiner Zeit aus, um den Parteikurs entscheidend zu beeinflussen. Hitler wusste solche Pläne durch geschicktes Taktieren, Aussitzen, Machtworte oder gezielte Schmeicheleien immer wieder zu neutralisieren.

Dennoch bediente er sich Goebbels' weiterhin als Mann fürs Grobe, der den politischen Gegner bis aufs Blut reizte und ihn selbst zur Führerfigur stilisierte. So betraute Hitler ihn am 26. April 1930 mit dem Posten des Reichspropagandaleiters. Damit wollte er Goebbels nicht allein für seine bisherige Tätigkeit als Gauleiter belohnen, sondern ihn auch auf den gesetzestreuen Pfad der Machtübernahme lotsen.

Dass Hitler ihn in die erste Reihe der Partei holte, dankte ihm Goebbels mit der allerdings nur verbalen Unterstützung des Legalitätskurses. *Dann sagt mir einen anderen Weg an die Macht zu kommen. Aber beruft Euch nicht darauf, daß der Zusammenbruch dieses Systems zwangsläufig sei*[100], schrieb er am 22. Juni im *Angriff*. Schließlich standen mit dem Rücktritt der letzten demokratisch legitimierten Regierung für den 14. September 1930 wieder Reichstagswahlen an.

Während des folgenden Wahlkampfs spielte Goebbels die Weltwirtschaftskrise und der sprunghafte Anstieg auf über drei Millionen Arbeitslose in die Hände. Die soziale Not machte Arbeiter wie Kleinbürger immer empfänglicher für seine polarisierenden Parolen und einfachen Losungen. Goebbels griff in seiner Propaganda das ökonomische Chaos auf, lastete die alleinige Schuld den Regierungen an, ohne freilich selbst konkrete Auswege anzubieten. Die Taktik zeigte den gewünschten Erfolg. Dank 18,7 Prozent der abgegebenen Wählerstimmen saßen nun 107 Braunhemden im Parlament, ohne jedoch an der Regierungsmacht partizipieren zu können. Allerdings waren auch die Koalitionsoptionen unter den demokratischen Parteien mittlerweile vollständig ausgereizt. Der neue Reichskanzler Heinrich Brüning von der Zentrumspartei stützte sich deshalb hauptsächlich auf den Reichspräsidenten und dessen Notverordnungen und regierte ansonsten mit wechselnden Mehrheiten. Für Goebbels war dies erneut ein Beweis für die Schwäche der parlamentarischen Demokratie.

Versammlung der Reichstagsfraktion der NSDAP, etwa 1930.
Vorn in Uniform: Joseph Goebbels

Parallel zu Hitlers Legalitätskurs setzte er jedoch seinen «revolutionären» Kampf auf kleinerer Flamme fort und suchte permanent die direkte Konfrontation mit den Kommunisten. Ebenso beleidigte er hochrangige Repräsentanten des Staates in jeder nur erdenklichen Form. Wegen dieser ehrverletzenden Ton- und Gangart wurde die NSDAP 1930 als staatsfeindliche Verbindung eingestuft, ohne dass aber ein erneutes Verbot folgte. Goebbels selbst konnte sich der Verleumdungsprozesse immer wieder durch gefälschte Atteste, dreiste Ausreden und fadenscheinige Ausflüchte entziehen. Er spielte Katz und Maus mit der konservativen Weimarer Justiz, die rechten Republikfeinden gegenüber allzu oft Milde walten und ihn des Öfteren mit einem blauen, wenn nicht gar heilen Auge davonkommen ließ. Voll hämischen Stolzes rief er seinen Verfolgern hinterher: *Ja, ich sabotiere Eure bürgerliche Justiz!* [101]

Auch die Legislative verhöhnte er. Als im Reichstag über die Lockerung der Abgeordnetenimmunität abgestimmt werden sollte, ließ er die gesamte Fraktion aus dem Plenarsaal hinausmarschieren und wetterte gegen die Präsidialkabinette, die nicht vom

Willen des Volkes, sondern nur noch von Hindenburgs Gnaden abhingen. Das Parlament diffamierte er als *Haus des organisierten Verfassungsbruchs*[102] und machte deutlich, was er unter Legalität verstand. *Die nationalsozialistische Bewegung [...] hat durch den Mund ihres Führers zum Ausdruck gebracht, daß sie legal sei. Das heißt aber: nach der Verfassung sind wir nur verpflichtet zur Legalität des Weges, nicht aber zur Legalität des Zieles. Wir wollen legal die Macht erobern.*[103] Und drohte den versammelten Abgeordneten für die Zukunft: *Aber was wir mit dieser Macht, wenn wir sie einmal besitzen, anfangen werden, das ist unsere Sache.*[104] Innerlich lehnte er Hitlers Strategie noch immer ab; einige Monate nach den Septemberwahlen von 1930 beichtete er seinem Tagebuch: *Es lebe die Legalität! Zum Kotzen! Nun müssen wir neue Methoden der Arbeit ersinnen. Das wird sehr schwer sein.*[105]

Diese neuen Methoden widersprachen nicht nur Goebbels' bisherigem Politik- und Propagandaverständnis, sondern führten im Frühjahr 1931 auch zu massiven Widerständen in den Reihen der SA. Der Berliner SA-Führer Hugo Stennes und seine Männer drängten Goebbels schon seit längerem zu einem gewaltsamen Umbruch in Deutschland und schreckten auch vor einem Putsch gegen die eigene Führung nicht zurück. Als starke SA-Verbände das Hauptquartier der Berliner NSDAP stürmten, suchte Goebbels schließlich Schutz bei Hitler in München. Nicht der Berliner Gauleiter, sondern Hitler legte mit einem Machtwort, Geld und Versprechungen die Krise bei.

Einziger Lichtblick für den nervlich angeschlagenen Propagandisten war die *schöne Frau mit Namen Quandt*[106]. Im November 1930 hatte er seine spätere Ehefrau Magda in der Berliner Parteizentrale kennengelernt und sofort seinem Stellvertreter als Privatsekretärin ausgespannt. Die vermögende Frau aus gutem Hause war nicht nur attraktiv, kultiviert und sprachgewandt, sondern der nationalsozialistischen Sache ebenso zugetan wie ehrgeizigen und charmanten Männern. Kein Wunder also, dass ihn die gewöhnlich in «besseren» Kreisen verkehrende Dame faszinierte und er heftig um sie warb – nicht vergeblich.

Im Privatleben holte er sich die Anerkennung, die ihm während der Stennes-Krise politisch versagt blieb. Mit der Heirat im folgenden Jahr nahm er sogar in Kauf, dass ihn die proletarischen

Wähler des Verrats an der sozialen Sache bezichtigten und seine antikapitalistischen Tiraden an Glaubwürdigkeit verloren. Für ihn zählte das private Glück und die Tatsache, dass sich Hitler in Magdas Nähe wohlfühlte. Das Verhältnis zum «Führer» nahm durch die häufigen Privatbesuche fast schon familiäre Züge an.

All dies änderte aber nichts daran, dass sich Goebbels auch weiterhin der latenten Unzufriedenheit seiner Schlägertrupps stellen musste. Die SA versuchte er mit opferreichen Straßenschlachten abzulenken und beteuerte, dass Hitler nur aus machttaktischen Gründen, nicht aus innerer Überzeugung vorübergehend auch mit den Nationalkonservativen paktiere. So schlossen sich NSDAP, DNVP und «Stahlhelm» nach dem Volksbegehren gegen den Young-Plan im Oktober 1931 als «Harzburger Front» erneut zusammen, um gegen die Politik Brünings zu protestieren. Goebbels fiel es dennoch schwer, die von ihm selbst als «Verbonzung» und «Verbürgerlichung» gebrandmarkte Strategie seinen unruhigen Anhängern glaubwürdig zu verkaufen.

Eine Chance, sie zu besänftigen und fester an sich zu binden, bot sich mit den Reichspräsidentenwahlen im März 1932. Nicht zuletzt Goebbels war es, der den zögernden Hitler maßgeblich und erfolgreich zur Kandidatur drängte. Der revolutionären Basis galt es zu zeigen, dass die Macht schon in greifbarer Nähe lag. Überdies ließ sich mit Hitlers Kandidatur die Popularität und der Bekanntheitsgrad der NSDAP im Deutschen Reich weiter steigern. Nachdem sich Hitler auch selbst des Rückhalts in der Partei vergewissert hatte, legte Goebbels mit neuem Elan los. *Kurzum, der Kampf hat in aller Wucht begonnen. [...] Die politischen Armeen rücken zur Entscheidungsschlacht vor*[107], feuerte er sich und sie an.

Jetzt bediente er sich nicht mehr allein klassischer Wahlkampfmethoden, sondern auch modernster Medien. 50 000 Schallplatten mit Parteislogans verschickte er an besser verdienende Haushalte. Und auf öffentlichen Plätzen wie in Kinos waren auf großen Leinwänden vertonte Wahlwerbespots zu sehen. In dieser Propagandaschlacht pries und stilisierte er Hitler erstmals auf breitester Front als zukünftigen «Führer» des deutschen Volkes. Wenngleich der ehemalige Weltkriegsgeneral Paul von Hindenburg am 10. April 1932 im zweiten Wahlgang mit der absoluten Mehrheit der Stimmen in seinem Amt bestätigt wurde, so zeugten die 36,8 Prozent für Hitler von einem deutlichen Rechtsruck in der deutschen Wählerschaft.

Eine verlorene Schlacht entscheidet nicht über den Ausgang des Feldzuges[108], kommentierte der siegesgewisse Goebbels die Niederlage und konzentrierte sich als Reichspropagandaleiter sofort auf die kommenden Landtags- und Reichstagswahlen. Allerdings wurden seine Kampagnen durch das von Innenminister Wilhelm Groener erlassene SA-Verbot kurzfristig behindert. Die Anführer der mittlerweile 400 000 Mann starken Kampftruppe hatten allzu offenkundig an konkreten Umsturzplänen gearbeitet.

Doch auch ohne ihre «Rabauken» konnte die NSDAP neue Wahlerfolge verbuchen. Nach den Wahlen in Preußen stellte sie am 24. April 1932 mit 36,3 Prozent der abgegebenen Stimmzettel erstmals die stärkste Fraktion im politisch wichtigsten Land des Deutschen Reiches. Gleichwohl war Goebbels dieser Siegeszug nicht geheuer, befürchtete er doch, dass sich die NSDAP in *Wahlen tot*[109] siegen könne und trotzdem nicht an die Macht käme.

Schon bald sah sich der für seine «außerparlamentarische» Opposition bekannte Goebbels gezwungen, ganz konkret über die *Schmutzarbeit der Koalitionsmache*[110] nachzudenken und wie er sie nach außen ohne Gesichts- und Machtverlust vertreten konnte. Auf höchster Ebene zog nämlich bereits der Hindenburg-Vertraute General Kurt von Schleicher die Fäden, um die von Heinrich Brüning geführte Minderheitsregierung zu Fall zu bringen. Schleicher knüpfte bereits Kontakte zu Hitler, den er in eine konservative Präsidialregierung einbinden und somit dessen politischen Höhenflug abbremsen wollte.

Hitler ließ den intrigierenden General erst einmal in dem Glauben an eine spätere Koalitionsbeteiligung und setzte insgeheim auf Neuwahlen, die der NSDAP einen weiteren Stimmenzuwachs bringen sowie seine Verhandlungsposition stärken sollten. Goebbels stützte diesen Kurs und hetzte mit gewohnter Härte gegen die unpopuläre, aber notwendige Sparpolitik Brünings. *Unsere Wühlmäuse sind bei der Arbeit, die Brünings Position vollkommen zernagen*[111], freute er sich schon.

Das Intrigenspiel endete am 29. Mai mit dem Rücktritt des Reichskanzlers und Neuwahlen. *Das System befindet sich im Fall*[112], analysierte Goebbels etwas voreilig die innenpolitisch an-

Goebbels spricht auf einer Kundgebung im Berliner Sportpalast, 1932.

gespannte Lage, aus der die NSDAP nun erheblichen Gewinn zog. Im Gegenzug für die Aufhebung des SA-Verbots versprach Hitler dem neuernannten rechtskonservativen Reichskanzler Franz von Papen, dessen Regierung zu tolerieren.

Solche Versprechen hielten bei Hitler und Goebbels indes nie besonders lange. Nachdem das Verbot aufgehoben worden war, aber kurz darauf ein Aufmarsch der SA aus Sicherheitsgründen kurzfristig verweigert wurde, ging Goebbels im Wahlkampf umso heftiger auf Papens «Kabinett der Barone» los. Denn in der *kompromittierenden Nachbarschaft dieser bürgerlichen Halbstarken*[113] wollte er sich und die Partei nicht sehen.

Trotz aller Massenkundgebungen und gewalttätigen Demonstrationen gelang es ihm und seiner Partei nicht, die parlamentarische Macht zu übernehmen. Zwar ging die NSDAP am 31. Juli 1932 mit 37,3 Prozent der Stimmen und 230 Mandaten als stärkste Partei aus den Reichstagswahlen hervor, aber *zur absoluten Mehrheit kommen wir so nicht*[114], war sich Goebbels sicher. *Also anderen Weg einschlagen*[115], hieß es für ihn wieder.

Diesen Weg bestimmte allerdings nicht er, sondern Hitler. Aber auch der wollte nicht länger zögern, sondern aufs Ganze gehen und die Kanzlerschaft in einem Präsidialkabinett seiner Wünsche einfordern. *Die ganze Macht oder nichts. So ist's recht*[116], notierte Goebbels zufrieden, der schon auf das «Ministerium für Volkserziehung» spekulierte. Doch er hatte sich zu früh gefreut. Hindenburg lehnte Hitlers Forderung nach «der gesamten Staatsgewalt» am 13. August 1932 kategorisch ab.

Hitler und Goebbels setzten im Parlament deshalb sofort wieder auf Konfrontation. Mit einem Misstrauensantrag stürzten sie im September das vom Reichspräsidenten protegierte Kabinett von Papen. Nur wenige Wochen später mussten die Deutschen wieder an die Wahlurnen. Trotz leerer Kassen, der schlechten Stimmung innerhalb der Partei und der Wahlmüdigkeit in der Bevölkerung bot Goebbels alles auf, was seine Propagandamaschinerie hergab. Etwa tausend Parteiredner ließ er auf das Volk los, sein Kampfblatt *Der Angriff* erschien zweimal täglich, und Hitler nutzte als einziger Politiker das Flugzeug, um die nationalsozialistische Botschaft in fast allen Winkeln des Reichs zu verkünden.

Die Chancen, das vorangegangene Wahlergebnis zu verbessern, standen dennoch nicht gut. Erschwerend kam hinzu, dass das von Goebbels initiierte Zusammengehen von KPD und NSDAP beim Streik der Berliner Verkehrsbetriebe die kleinbürgerliche Klientel eher verschreckte, als dass es wirklich neue Wähler aus der Arbeiterschaft anzog. Tatsächlich deutete der Wahlausgang am 6. November 1932 darauf hin, dass die NSDAP ihren Zenit überschritten und ihr oppositionelles Potenzial ausgereizt haben könnte. Obgleich sie mit 33,1 Prozent der Stimmen weiterhin die stärkste Fraktion stellte, waren ihr fast zwei Millionen Wähler davongelaufen. Während Goebbels das Ergebnis nach außen hin schönredete, tobte er innerlich: *Wie das immer so ist: nach der Niederlage kommt der ganze Unrat hoch, und damit muß man sich dann wochenlang abrackern.*[117]

In der Tat verschlechterte sich die Stimmung an der Parteibasis dramatisch, und wieder stellte sich die Frage nach der richtigen politischen Strategie: Kooperation oder Konfrontation. Schließlich entschied sich Hitler in enger Absprache mit Goebbels für eine «Alles-oder-nichts-Taktik», welche die NSDAP kurzfristig zu zerreißen drohte. Denn das ständige Warten und Schachern um die Macht stellte weder die radikalen noch die gemäßigten Parteigenossen zufrieden. Die Führung befand sich nun in einer Zwickmühle: Neuwahlen würden womöglich weitere Verluste bedeuten, eine Kabinettsbeteiligung hingegen könnte den antidemokratischen Elan der Bewegung endgültig zum Stillstand bringen.

Angesichts dieser kritischen Situation schlug sich Goebbels wieder auf die Seite des zweckoptimistischen Hitler, der sich standhaft weigerte, der mittlerweile von Schleicher angeführten Präsidialregierung als Vizekanzler beizutreten. Es gebe für ihn *überhaupt nur eine Richtung, und das ist die, die der Führer bestimmt,* schrieb Goebbels im *Angriff.*[118] Die von ihm im Januar 1933 inszenierten Aufmärsche und Demonstrationen sollten noch einmal zeigen, dass die NSDAP stärkste Kraft im Reich war und somit auch Anspruch auf die Kanzlerschaft besaß.

Mittlerweile bedurfte es solcher Aktionen fast gar nicht mehr. Im Hintergrund bereiteten Ex-Kanzler von Papen und andere Konservative längst einen neuen Machtwechsel vor. Die *Betrügerbande,* wie Goebbels das intrigante Umfeld um Hindenburg bezeichnete, ebnete beim misstrauischen Reichspräsidenten schließlich den Boden für Hitlers Kanzlerschaft. Im irrtümlichen Glauben, eine Riege nationalkonservativer Minister könnte Hitler als Regierungschef «zähmen», gab das greise Reichsoberhaupt am 30. Januar 1933 seine Zustimmung zur Bildung eines Kabinetts unter dessen Führung und zu Neuwahlen für den 5. März. Freilich hatte Goebbels nicht den geringsten und auch Hitler nur wenig Einfluss auf die Machenschaften der Hindenburg-«Kamarilla» gehabt.

Bei allem pathetischen Optimismus, den Goebbels als Chefdramaturg am Abend des 30. Januar in seiner Rundfunkansprache verbreitete, glaubte er noch nicht endgültig an den Sieg. *Wir sind nicht der Meinung, daß damit der Kampf abgeschlossen ist, sondern morgen beginnen wir schon mit der neuen Arbeit und mit dem neuen*

Das Kabinett Hitler am 30. Januar 1933.
Stehend v. l.: Franz Seldte, Günther Gereke, Lutz Graf Schwerin von Krosigk, Wilhelm Frick, Werner von Blomberg, Alfred Hugenberg.
Sitzend: Hermann Göring, Adolf Hitler und Franz von Papen

Kampf.[119] Goebbels führte diesen letzten Kampf um die Macht abseits des Kabinettstisches. Aus Rücksicht auf die bürgerlichen Minister durfte er zu seiner großen Enttäuschung daran noch nicht Platz nehmen. Hitler vertröstete ihn auf die Zeit nach den Märzwahlen, sobald er sich der letzten parlamentarischen Fesseln entledigt habe.

Auch wenn sich Goebbels in seinem Tagebuch bitter darüber beklagte, dass Hitler ihn mit *eisigem Boykott*[120] übergehe, zeigte er im kommenden Wahlkampf wieder vollen Einsatz. Immerhin musste er in seiner Position keine Rücksichten auf die konservativen Kabinettsmitglieder nehmen. *Jetzt zeigen wir ihnen, was man mit dem Staatsapparat machen kann, wenn man ihn zu gebrauchen versteht*[121], munterte er sich auf. Während Hitler als Reichskanzler, Hermann Göring als Reichskommissar für das preußische Innenministerium und Wilhelm Frick als Reichsinnenminister ihre exekutiven Machtmittel nutzten, um Parlament und Parteien rasch zu entmachten, war es Goebbels' Aufgabe, diese Maßnahmen zu rechtfertigen und die politischen Gegner weiterhin zu diffamieren.

Den dem niederländischen Kommunisten Marinus van der Lubbe angelasteten Reichstagsbrand vom 27. Februar nutzte Goebbels, um der KPD einen ganz konkreten Umsturzversuch zu unterstellen. Hitler bot das angebliche «Fanal zum blutigen Aufruhr und zum Bürgerkrieg» die günstige Gelegenheit, Hindenburg die Notverordnung «zum Schutz von Volk und Staat» abzutrotzen. Diese setzte die wichtigsten Grundrechte außer Kraft und schuf die Legitimationsgrundlage für die brutale Ausschaltung der politischen Gegner.

Der vor allem von Polizei und SA ausgeübte Terror gegen alle Andersdenkende ging Hand in Hand mit Goebbels' Vorbereitungen für den «Tag der Erwachenden Nation» am 4. März. Dabei handelte es sich um eine pompöse Großkundgebung, auf der Hitler als «Retter Deutschlands» gefeiert und die Einheit der Nation beschworen werden sollte. *Weit halten wir die Arme geöffnet, um all die Millionen zu umfangen, die am 5. März den Weg zu uns finden*[122], verkündete Goebbels während des Festakts sanftmütig wie der sprichwörtliche Wolf im Schafspelz.

Trotz der zahlreichen Verhaftungen und Behinderungen des politischen Gegners liefen nur 43,9 Prozent aller Wähler der NSDAP in die Arme. Das eher enttäuschende Ergebnis hinderte Goebbels aber nicht daran, die verfehlte absolute Mehrheit wieder mal als Triumph zu verkaufen. Am Wahlabend hieß es bei ihm – die Wirklichkeit ausblendend und auf die kommenden Kampagnen vertrauend –: *Sieg über Sieg, phantastisch und unglaubhaft.*[123]

Zweifellos konnte der unbefriedigende Wahlsieg weder Hitler noch Goebbels vom einmal eingeschlagenen Weg abbringen, auch noch die letzten Reste des Parlamentarismus und des Rechtsstaats zu beseitigen. Um keine propagandistische Lethargie aufkommen zu lassen und die konservativen Kabinettsmitglieder weiter in die Enge zu treiben, belohnte Hitler seinen treuesten Adlatus am 14. März 1933 mit der Leitung des neu zu schaffenden «Ministeriums für Volksaufklärung und Propaganda». Es war der Lohn dafür, dass er den parlamentarischen Rechtsstaat schamlos ausgenutzt, die demokratischen Parteien bekämpft, unzufriedene Wähler mobilisiert und Hitlers Weg an die Macht propagandistisch flankiert hatte.

«Ringkampf um die Seele eines Volkes» – Propaganda in Friedenszeiten

Als die stürmisch-aggressiven Wahlkämpfe nach dem 5. März 1933 vorüber und die politischen «Feinde» im Innern alsbald mundtot gemacht waren, stellte Goebbels seinen Propagandastil grundlegend um. Nun galt es nicht mehr, mit aggressiver Rhetorik den politischen Gegner zu übertönen, sondern alle Deutschen auf die nationalsozialistische Ideologie einzuschwören und die Politik wie auch die Person Hitlers in noch strahlenderem Licht erscheinen zu lassen. Das Volk müsse anfangen, *einheitlich zu denken, einheitlich zu reagieren und sich der Regierung mit ganzer Sympathie zur Verfügung zu stellen*[124], teilte er den Journalisten bei der ersten Pressekonferenz seines Ministeriums am 16. März 1933 feierlich mit.

Fortan war nicht mehr in allen Fällen das die *beste Propaganda, bei der die eigentlichen Elemente der Propaganda immer sichtbar zutage treten, sondern [...] die [...] die sozusagen unsichtbar wirkt, das ganze öffentliche Leben durchdringt, ohne daß das öffentliche Leben von der Propaganda überhaupt eine Kenntnis hat*[125]. Frank und frei sprach er vor Pressevertretern davon, die Massen so lange zu *bearbeiten, bis sie uns verfallen sind*[126]. Denn das waren die Deutschen, wie der 5. März bewiesen hatte, noch lange nicht.

Um der Tarnung seiner Absichten und des positiven Klanges willen bat er Hitler darum, im Titel seines Ministeriums das Wort «Propaganda» durch das Wort «Kultur» ersetzen zu dürfen. Als Hitler dies demonstrativ ablehnte, war Goebbels um keine Neuinterpretation des Begriffs verlegen. Er wendete ihn ins Positive und bezeichnete den Propagandisten als *Künstler der Volkspsychologie*[127], der die *geheimen Schwingungen der Volksseele*[128] kennen müsse, um mit geeigneten Maßnahmen und Mitteln auf sie einwirken zu können.

Dazu stand ihm bereits wenige Tage nach seiner Ernennung ein Propagandaapparat zur Verfügung, der am Berliner Wilhelmplatz im Leopold-Palais seinen Stammsitz erhielt und schon bald

Aufstellung eines Lautsprechers vor dem Reichspropagandaministerium am Berliner Wilhelmplatz, 1936

immer größer und mächtiger wurde. Beim Personal seines Ministeriums setzte er in mittleren Positionen auf wenige *alte Majore* anderer Ministerien, in leitenden Stellen auf viele *junge Generäle*[129] aus der eigenen Partei, die überdurchschnittlich gut ausgebildet waren. Dennoch stellte sein engster Mitarbeiterstab charakterlich und fachlich keineswegs eine homogene Gruppe dar. Nicht alle seiner Paladine waren ihm und der Parteiideologie gleichermaßen ergeben. Aufgrund dieser heterogenen Mischung kam es auf der Führungsebene regelmäßig zu Auseinandersetzungen und Missstimmungen, die bisweilen in persönliche Feindschaften mündeten. Indes waren sich alle Mitarbeiter in dem Ziel einig, die Kontrolle und Lenkung der Medien im nationalsozialistischen Geist zu perfektionieren.

Mit dieser in seinen Augen von *Feuer, Begeisterung und unverbrauchtem Idealismus*[130] motivierten Truppe verwaltete Goebbels zunächst fünf Geschäftsbereiche: Propaganda, Presse, Rundfunk, Film und Theater. Von Anfang an war der mit fünfunddreißig Jahren jüngste Minister Europas bestrebt, auf diesen Feldern unumschränkt zu agieren und sie gegenüber anderen Ministerien und Parteiinstanzen mit Argumenten sowie Intrigen zu verteidigen, ja seine Kompetenzen weiter auszudehnen. Dass Hitler seinem ehrgeizigen Propagandaminister und anderen Regierungs- und Parteistellen nie klar voneinander abgegrenzte Ressorts überließ und ständig neue Geschäftsbereiche und Zuständigkeiten schuf, hatte Methode. Getreu dem Herrschaftsprinzip des «divide et impera» schränkte er die Machtentfaltung seiner engsten Gefolgsleute ein und behielt sich vor, über die wichtigsten Fragen als letzte Instanz selbst entscheiden zu können.

Als «allmächtiger» Schlichter erschien Hitler schon gut drei Monate nach Goebbels' Amtsantritt. Um seinen Schützling gegen die ersten Angriffe seiner Konkurrenten zu verteidigen, bestätigte er am 30. Juni 1933 in der «Verordnung über die Aufgaben des Reichsministers für Volksaufklärung und Propaganda», dass Goebbels nunmehr zuständig sei für «alle Aufgaben der geistigen Einwirkung auf die Nation, der Werbung für Staat, Kultur und Wirtschaft, der Unterrichtung der in- und ausländischen Öffentlichkeit über sie und der Verwaltung aller diesen Zwecken dienenden Einrichtungen».[131] Zudem schanzte Hitler dem frischgebackenen Minister noch eine ganze Reihe anderer wichtiger Aufgaben aus dem Innen-, Wirtschafts-, Außen- und Ernährungsministerium zu. Obwohl ihm Hitler dieses außerordentlich große Machtpaket schnürte, kam es wegen ungeklärter Hierarchien und Kompetenzen immer wieder zu Streitereien mit anderen Funktionsträgern aus Partei und Kabinett.

«Reklame ist vielleicht erlernbar, die Propaganda ist aber eine Kunst, die man beherrscht oder nicht beherrscht. Es gibt Menschen, die sind von der Natur aus dazu prädestiniert, und andere lernen's spät oder gar nicht.»
Rede vom 16. September 1935

Zunächst ging es Goebbels jedoch darum, den vielstimmigen Medien- und Kulturbereich gleichzuschalten, sich das Monopol über die veröffentlichte Meinung zu sichern, gezielte Informationen streuen und unerwünschte zensieren zu können. Dabei zielte er zunächst auf die totale Kontrolle des wichtigsten Massenmediums jener Zeit: der Zeitungs- und Zeitschriftenpresse.

War bereits am 28. Februar 1933 mit der «Notverordnung zum Schutz von Volk und Reich» die Zensur wieder eingeführt worden, stellte Goebbels mit dem am 4. Oktober 1933 in Kraft getretenen «Schriftleitergesetz» die Redakteure aller noch erlaubten Zeitungen quasi unter direkte staatliche Kuratel. Festangestellte Schriftleiter mussten nun arischer Abstammung, deutscher Staatsangehörigkeit und mindestens einundzwanzig Jahre alt sein. Die von Goebbels auf den amtlichen Pressekonferenzen ausgegebenen Sprachregelungen schränkten die freie Berichterstattung der Journalisten ebenso ein wie die permanente Androhung eines Berufsverbots oder der Verhaftung und Einlieferung in ein Konzentrationslager.

Mit Gründung der Reichskulturkammer im September 1933, zu deren Präsident er sich sofort erklärte, weitete er seine Kontrolle auch noch auf die «Kulturschaffenden» aus den Bereichen Theater, Film, Musik, Literatur und Bildende Kunst aus. Hier wirkten alsbald ebenfalls die ästhetischen und politischen Gesetze des Nationalsozialismus, wenn auch nicht immer ganz so rigide wie in der Presse und im Rundfunk.

Die «Gleichschaltung» sowie der Aufbau und Ausbau seines Propagandaapparats schufen die organisatorische und juristische Basis für Goebbels neue, mit sanfteren Tönen operierende Propagandataktik. *Die Hauptsache ist heute bei unserer Propaganda, daß sie menschen- und lebensnah bleibt, je weniger wir uns in Doktrinarismus verstricken, desto besser ist es für unsere Sache*[132], schrieb er noch während des Krieges.

Hierzu entwarf Goebbels einen am katholischen Vorbild orientierten Feiertagskalender, in dem nicht nur Hitlers Geburtstag, der Nürnberger Reichsparteitag oder das Gedenken an den «Marsch auf die Feldherrnhalle» ihren festen Platz hatten, um die Einheit von Partei und Nation zu stärken. Auch der offiziell zum «Tag der nationalen Arbeit» ausgerufene 1. Mai und auch der Muttertag sollten große Bevölkerungsgruppen an das nationalsozialistische Regime binden. All diese mit Glanz und Gloria inszenierten Staatsfeiertage zielten darauf ab, den Geist einer großen

Paul von Hindenburg (Mitte) bei einer Kundgebung zum Tag der nationalen Arbeit im Berliner Lustgarten am 1. Mai 1933. Hinten links: Joseph Goebbels

«Volksgemeinschaft» heraufzubeschwören. *Sie ist nötig wie das tägliche Brot, denn sie erhält den Staat und ist jene Kraft, die immerdar mit dem Staate das Volk verbindet*[133], führte Goebbels zur staatspolitischen Relevanz seiner Propaganda in einer Rede aus. Das Volk sah diese «Feiertage» aber nicht ausschließlich politisch, sondern war dankbar für die zusätzliche Freizeit und die Festveranstaltungen.[134]

Darüber hinaus kommentierte und rechtfertigte der Propagandachef natürlich die aktuellen politischen Entscheidungen und geplanten Maßnahmen der Regierung. Während er die Erfolge Hitlers in den leuchtendsten Farben malte, überschüttete er die tatsächlichen und vermeintlichen Gegner des Regimes weiter mit Hohn und Hass. Nicht nur das gemeinsame Idol Hitler, sondern auch die gemeinsamen Feindbilder sollten die Deutschen zusammenschweißen. Insbesondere der von Goebbels am 1. April 1933 initiierte Aufruf zum Boykott jüdischer Geschäfte und die von ihm am 10. Mai nicht nur geduldete, sondern auch durch eine Hetzrede unterstützte Bücherverbrennung verfolgten vor allem dieses Ziel. Eine so aggressiv gestaltete Propaganda kollidierte zu diesem Zeitpunkt jedoch mit dem Harmoniebedürfnis weiter Teile der Bevölkerung, und Hitler missbilligte sie aus strategischen Erwägungen. Das Volk wollte und musste sanftere Töne hören, nur so konnten sich die neuen Machthaber sein Vertrauen langfristig sichern.

Solche wusste Goebbels etwa am 21. März 1933, dem «Tag von Potsdam», anzuschlagen, wo er den populären Reichspräsidenten Hindenburg mit Festgottesdienst, Fackelzügen und einer theatralischen Berichtererstattung umgarnte. *Welch ein Glück für uns alle, diesen alten ragenden Mann noch unter uns zu wissen, und welch eine Wendung des Schicksals, daß wir jetzt mit ihm einen Weg gehen*[135], vermerkte er in seinem Tagebuch. Mit diesem pompösen Staatsakt beabsichtigte Goebbels nicht nur, Hindenburg zu schmeicheln, sondern auch, Hitler und den Nationalsozialismus als Beschützer und Bewahrer preußischer Traditionen darzustellen. Bis zu Hindenburgs Tod im August 1934 behielt er diese propreußische Linie bei, galt es doch, die noch im Regierungskabinett verbliebenen Konservativen nicht zu verprellen und Hitler als Nachfolger Hindenburgs beim Bürgertum hoffähig zu machen.

Nachdem Berichte über den brutalen Umgang mit den politischen Gegnern um die Welt gegangen waren, musste die neue Regierung allerdings auch nach außen in ein besseres Licht gerückt werden. Die Genfer Völkerbundtagung im September 1933 nutzte Goebbels, im eleganten weißen Anzug auftretend, um das neue Regime als *veredelte Art von Demokratie*[136] zu präsentieren. Ebenso schamlos stellte er gegenüber ausländischen Journalisten die neue Regierung als den größten Friedensgaranten dar, indem er das kommunistische Russland als Feind der gesamten westlichen Welt zeichnete: *Wir glauben uns einen Verdienst um die Zukunft Europas dadurch erworben zu haben, daß wir in Deutschland einen festen Wall gegen die Anarchie und das Chaos aufrichteten, zumal wir wußten, daß verfiele ihm Deutschland, [ihm] an den Grenzen unseres Landes nicht mehr Halt geboten werden könnte, sondern die ganze abendländische Kultur unter seiner Sturzwelle begraben würde. […] Was Deutschland betrifft, so ist es aus ehrlichstem Herzen bereit, am Frieden mitzuarbeiten.*[137]

Auch Deutschlands Austritt aus dem Völkerbund wenige Wochen später rechtfertigte er paradoxerweise mit dem unbedingten Friedenswillen des Regimes: *Wenn wir aus dem Völkerbund und aus der Abrüstungskonferenz ausgeschieden sind, dann geschah das nicht, um den Krieg vorzubereiten. Adolf Hitler hat mit Recht in seiner Rundfunkrede erklärt, daß nur ein Wahnsinniger Krieg wollen könne. Wir sind gegangen, um die Atmosphäre zu reinigen, um der Welt zu zeigen, daß es so nicht geht*[138], ließ er die Öffentlichkeit wissen.

Hitlers erste außenpolitisch bedeutsamen Schritte zielten indes auf die Wiedererlangung von Handlungsfreiheiten, die durch den Versailler Vertrag bis dahin eingeschränkt waren. Langfristig steuerten sie jedoch in Richtung Expansion und Aufrüstung. Die Volksabstimmung im Saarland am 13. Januar 1935, die Wiedereinführung der Wehrpflicht am 16. März 1935 oder die Besetzung des entmilitarisierten Rheinlands im März 1936 waren Ausdruck dieses Willens nach nationaler Souveränität und internationaler Macht. Goebbels rechtfertigte diese Aktionen schönfärberisch als Deutschlands Beitrag zu einer ausgewogenen europäischen Friedensordnung und bezichtigte das zu Recht misstrauisch gewordene Ausland einer *höchst gefährlichen kriegerischen Psychose*[139].

In dieser außenpolitisch aufgeheizten Phase kamen Goebbels im Sommer 1936 die Olympischen Spiele propagandistisch sehr gelegen. Auch hier wollte und konnte er dem In- und Ausland Deutschland als friedliebende und völkerfreundliche Nation präsentieren. Er ließ Schilder mit der Aufschrift «Juden nicht erwünscht» beseitigen und das antisemitische Hetzblatt «Der Stürmer» zwischenzeitlich aus dem Verkehr ziehen. Die reibungslose Organisation und die wohlkalkulierte Gastfreundschaft verfehlten ihre von Goebbels beabsichtigte Wirkung bei Sportlern, Touristen und den ausländischen Nachbarn genauso wenig wie die vor pompöser Kulisse friedlich ausgetragenen Wettkämpfe. «Man hatte das Bild eines versöhnten Europa, das seine Streitigkeiten in Wettlauf, Hochsprung, Wurf und Speerwerfen austrug», berichtete der französische Botschafter.[140] Das vorwiegend positive Echo bestätigte Goebbels darin, am verharmlosenden und verschleiernden Propagandastil vorerst festzuhalten.

Gleichwohl ergaben sich im Innern immer wieder Situationen, in denen er schärfere Töne anschlug. Bis Ende 1933 hatte zumindest Hitler, aber auch Goebbels viele seiner politischen Ziele erreicht. Einige ihrer engsten Anhänger jedoch meinten, die nationalsozialistische Bewegung hätte mit der «legalen» Machtübernahme an revolutionärer Schwungkraft verloren. Vor allem in der SA kursierte immer noch der Wunsch nach einer echten «sozialistischen» Revolution, die nicht nur die alten, noch im Staat verbliebenen Eliten wegfegen, sondern auch die Allmacht Hitlers beschneiden sollte. Die konservativen Regierungspartner in Hitlers Kabinett, insbesondere Franz von Papen, hofften, aus dem sich wieder zuspitzenden Konflikt zwischen SA und NSDAP politisches Kapital schlagen zu können. Deshalb wetterte Goebbels – die Lage vollkommen verkennend – zunächst gegen die Konservativen: *Der Führer muß handeln. Sonst wächst uns die Reaktion über den Kopf.*[141]

Hitler handelte, aber er führte seinen Schlag nicht gegen die «Reaktion», sondern gegen die SA und ihre Führungsfigur Ernst Röhm. Wohlweislich informierte Hitler den immer noch sozialrevolutionär angehauchten Propagandaminister erst in letzter Minute über seine längst geplante Aktion gegen die SA-Spitze. Und Goebbels – der angeblich nichts mehr hasste als die bürgerliche «Reaktion» – stellte sich erneut an die Seite seines Führers und verriet damit die ehemaligen Weggefährten der SA. Als Einziger aus der NS-Führungsriege begleitete er Hitler persönlich zu einigen der von SS- und Polizeieinheiten exekutierten Mordaktionen. Mindestens 200 Menschen, darunter Gregor Strasser und Kurt von Schleicher, fielen in der «Nacht der langen Messer» der innerparteilichen «Säuberung» zum Opfer, die auch von der Reichswehr begrüßt wurde. Deren Führung hatte Röhms Pläne zu einer Volksmiliz (dem sog. Röhm-Putsch) mit Argwohn beobachtet und wie Hitler nun einen gefährlichen Gegenspieler im Innern weniger.

Goebbels' Loyalität gegenüber seinem geliebten Führer kannte danach kaum noch Grenzen. Nicht der für die Bluttat verantwortliche Hitler unterrichtete die Öffentlichkeit, sondern sein nach außen hin kaltblütiger Propagandachef: *Der 30. Juni ist in Deutschland reibungslos und ohne jede innere Erschütterung verlaufen. Der Führer hat mit seiner Autorität und einer bewundernswerten Kühnheit die Revolte eines kleinen Klüngels von Saboteuren und krankhaften Ehrgeizlingen blitzartig niedergeschlagen. Die Ruhe und Ordnung wurde dabei im ganzen Land nicht gestört. […] Wenn sich in Deutschland etwas geändert hat, so höchstens, daß das Volk seitdem mit noch größerer Liebe und Anhänglichkeit dem Führer […] zugetan ist*[142], rechtfertigte

Goebbels das erst durch eine nachträgliche Verfassungsänderung sanktionierte Massaker.

Hitler vergütete ihm die bedingungslose Treue mit wohldosierten Auszeichnungen. Um Goebbels gefügig zu halten, bedurfte es meist nur ein paar anerkennender Worte, symbolischer Gesten oder Geschenke. An größeren politischen Entscheidungen ließ ihn Hitler jedoch nie teilhaben und informierte ihn meist erst, wenn er sie bereits getroffen hatte. In den Tagebuchaufzeichnungen überspielte Goebbels die Enttäuschung darüber mit ostentativem Vertrauen in das politische Genie Hitlers und flüchtete sich in blinde Zuversicht.

Seit dem Sommer 1934 hegte er aber kaum noch Zweifel an Hitlers historischer Sendung. Als erster Propagandist im Staat pries er den Deutschen Hitler nunmehr als fürsorgliche Vaterfigur und vorausschauende Führerpersönlichkeit an. Einerseits sollte er als Privatmann menschliche Züge tragen, andererseits als Politiker in seinen Entscheidungen als unfehlbar gelten. Diesen Widerspruch löste Goebbels für sich persönlich in Lobpreisungen auf: *Sonst verhält es sich meistens so, daß große Männer, die man aus der Entfernung verehrt, an Zauber und Wirkung verlieren, wenn man ihnen näherkommt. Bei Hitler ist es umgekehrt. Je länger man ihn kennt, desto mehr lernt man ihn schätzen und lieben, und desto vorbehaltloser ist man bereit, in seiner Sache aufzugehen.*[143] Goebbels war zugleich Schöpfer und Opfer des von ihm forcierten Mythos, der für die Masse geschaffen war und auf den Glauben der Geführten an ihren «Führer» zielte.

Stetig sinkende Arbeitslosenzahlen, langsam steigende Einkommen und außenpolitische Erfolge ließen Goebbels bereits 1936 zu der Feststellung gelangen, dass Hitler *im ganzen Volk über jeden Zweifel und jede Kritik erhaben*[144] sei. In der Tat vertrauten immer mehr Deutsche den Führungsqualitäten Hitlers, sodass Goebbels ihn politisch-religiös verbrämend als *Inbegriff der deutschen Wiederauferstehung*[145] feierte. Und als der außenpolitisch riskante Einmarsch in das entmilitarisierte Rheinland im Frühjahr 1936 geglückt war, deutete er den Jubel der «Befreiten» als eindeutiges Glaubensbekenntnis der Deutschen: *Da bekannte sich eine Nation zu Gott und legte ihr Schicksal vertrauensvoll in seine Hände.*[146] Dieses tausendfach variierte Bild vom *Messias*, *Propheten* oder *Erlöser* sollte

Besetzung des entmilitarisierten Rheinlands: Deutsche Truppen marschieren über die Rheinbrücke bei Mainz am 7. März 1936.

die Masse nicht nur an Hitlers Unfehlbarkeit glauben lassen, sondern dem «Führer» auch Goebbels' eigene Treue signalisieren.

Mit dem «Rheinland-Coup» war die Außenpolitik in eine neue Phase getreten. Obwohl Goebbels die damit verbundene Kriegsgefahr insgeheim fürchtete, wurde sein Glaube an Hitler nicht erschüttert. Er unterstützte diesen Kurs ausdrücklich: *Den Mutigen gehört die Welt! Wer nichts wagt, der gewinnt auch nichts. […] Es wird wieder Geschichte gemacht.*[147] Am Ende dieses Jahres war er sich sicher, dass *die unpolitische Zeit*[148] nun endgültig vorüber sei und langsam die von ihm geschätztere aggressive wieder anbreche.

Und so war es auch. Hitler traf nun Schritt für Schritt seine Kriegsvorbereitungen und versuchte, mit Goebbels' Unterstützung, in der eigenen Bevölkerung die alten Feindbilder wiederauferstehen zu lassen. Goebbels tat, wie ihm geheißen, heizte die antisowjetische Propaganda wieder an und kommentierte die angestrebten Allianzen mit Japan und Italien in der Öffentlichkeit als Verteidigungsbündnisse.

Goebbels' ganzes rhetorisches Geschick war jedoch gefragt, als 1938 die völkerrechtswidrige Annexion Österreichs und der gegen das «Münchner Abkommen» verstoßende Einmarsch deutscher Truppen in die Tschechoslowakei anstand. Nie zuvor war die Gefahr einer militärischen Reaktion Englands oder Frankreichs so groß gewesen. Hitler balancierte auf dem schmalen Grat zwischen Krieg und Frieden, und Goebbels begleitete ihn mit gehörigen Schwindelgefühlen. *Jetzt bloß keinen Krieg dazu*[149], ängstigte er sich kurz vor Besetzung der Tschechoslowakei und beruhigte sich mit der paradoxen Formel: *Den Krieg will der Führer vermeiden. Darum bereitet er sich mit allen Mitteln vor.*[150]

Öffentlich ließ sich der Scharfmacher allerdings nichts anmerken, sondern widmete sich ganz der publizistischen Flankierung dieser Völkerrechtsverletzungen, indem er gegen den österreichischen Bundeskanzler Karl von Schuschnigg hetzte oder die «deutschfeindliche» Politik der Tschechoslowakei anprangerte. Goebbels' aggressive Verteidigungsparolen sollten Hitlers Einmarschpläne vor dem In- und Ausland rechtfertigen.

Dass diese riskanten Aktionen ohne kriegerische Folgen blieben, hatte Hitler jedoch nicht der Überzeugungskraft von Goebbels' Propaganda, sondern der zögerlichen Haltung der westeuropäischen Mächte zu verdanken. Wegen eines regionalen Konflikts wollten sie keinen Weltkrieg riskieren. Je mehr Erfolg Hitler mit seinen außenpolitischen Vorstößen hatte, umso mehr vertraute Goebbels auf dessen *taktische und strategische Beherrschung der Mittel und Methoden einer planmäßig durchdachten und erfaßten politischen Entwicklung*[151]. Dementsprechend überschwänglich feierte ihn Goebbels auch nach den unblutigen Militäraktionen wieder als «Übermenschen».

Spätestens Ende 1938 konnte es für Goebbels keinen Zweifel mehr geben, dass sich Hitler mit friedlich annektierten Territorien und diplomatischen Lösungen nicht begnügen würde. Trotz seiner ausschließlich im engsten Mitarbeiterkreis geäußerten Vorbehalte gegenüber Hitlers Kriegskurs bereitete der «pflichtbewusste» Goebbels die Deutschen im letzten Friedensjahr mental auf potenzielle militärische Konflikte vor, indem er verstärkt Truppenparaden der Wehrmacht in Szene setzte und damit begann, Hitler als zukünftigen Feldherrn zu zeichnen. Goebbels war und blieb auch hierbei Hitlers Marionette, die lediglich als Medienmanipulator und Kulturmanager einen Spielraum besaß und eigene Akzente setzen konnte.

«Apostel der modernen politischen Propaganda» – der Medienmanipulator

Als Propagandaminister hielt Goebbels die Fäden der meisten Medien straff in der Hand. Sie in seinem Sinne zu nutzen hieß für ihn, sie unter seine Kontrolle zu bringen, zu lenken und zu manipulieren. Nach außen sollte dies so unauffällig, nach innen so rigide wie möglich geschehen. Als Goebbels am 14. März 1933 sein Amt antrat, hatte er bereits reichlich journalistische Erfahrungen gesammelt und gelernt, mit welchen publizistischen Mitteln die Massen am besten zu manipulieren waren. Mit dem *Angriff* hatte er 1927 eine Wochenzeitung auf den Markt gebracht, die sich in ihrem ebenso aggressiven wie unangepassten Stil sowohl von der liberalen als auch von der parteieigenen Presse abhob. Allerdings fehlten ihm damals die finanziellen und personellen Ressourcen, um sie zum Zentralblatt der nationalsozialistischen Bewegung, geschweige denn zu einer der führenden Publikationen im Deutschen Reich zu machen.

Auf dem Weg in eine ausschließlich nationalsozialistisch gefärbte Presselandschaft sollten zunächst die «linken» Blätter vom Markt verschwinden und die bürgerlichen Zeitungsverlage gleichgeschaltet werden – Letztere mit Rücksicht auf die alten Eliten in der Regierung nur behutsam und schrittweise. Wichtige Weichenstellungen gab es bereits vor Goebbels' Amtsantritt. Insbesondere die nach dem Reichstagsbrand erlassene «Notverordnung zum Schutz von Volk und Staat» vom 28. Februar 1933 hatte die Presse- und Meinungsfreiheit massiv eingeschränkt. Auch die leiseste Kritik an der Regierung wurde nun sofort unter Strafe gestellt. Innerhalb weniger Wochen waren kommunistische und sozialdemokratische Publikationen an den Zeitungsständen nicht mehr zu haben.

Nach dieser ersten «Säuberungsaktion» verpflichtete Goebbels die verbliebenen und mittlerweile zurückhaltender berichtenden bürgerlichen Verlage und Journalisten auf einen regierungsfreundlichen Kurs. Dazu ergriff er gesetzliche wie organisatorische Maßnahmen, erließ aber auch verbindliche Direktiven. Einfluss auf die Auswahl der Journalisten gewann er über die am 22. September 1933 geschaffene Reichspressekammer, eine staatlich kontrollierte Standesvertretung. Nur wenn diese neue Behörde einen Journalisten mittels penibler Überprüfungsverfahren als im nationalsozialistischen Sinne «zuverlässig» eingestuft hatte, durfte er seinen Beruf auch ausüben. Wie er das genau zu tun hatte, regelte das unter Goebbels' Regie von seinen Hausjuristen erarbeitete Schriftleitergesetz. Es wurde am 4. Oktober 1933 vom Kabinett verabschiedet und wies dem Redakteur jetzt «eine vom Staat geregelte öffentliche Aufgabe» zu und verpflichtete ihn, nichts zu schreiben, was «der Nation schaden» könne.

Unmittelbar nach der juristisch erzwungenen Gleichschaltung ging Goebbels daran, den Journalisten die ihm genehmen Nachrichten im wahrsten Sinne des Wortes zu diktieren. Dazu stattete er die Presseabteilung seines Ministeriums mit ideologisch «zuverlässigem» Personal aus und betraute seinen gesinnungstreuen Parteigenossen Dr. Kurt Jahncke mit deren Führung. Hier wurden unter Goebbels' Aufsicht die staatswichtigen Informationen gefiltert, Parolen erdacht und Sprachregelungen gefunden, mit denen man die Journalisten auf den regelmäßig einberufenen Reichspressekonferenzen in Berlin fütterte.

Diese nach einem festen Ritual ablaufenden Veranstaltungen entwickelten sich zum wichtigsten Instrument der Presselenkung in Berlin. In der Provinz sorgten die gleichgeschaltete staatliche Nachrichtenagentur DNB (Deutsches Nachrichtenbüro) und die regionalen Ableger des Goebbels-Ministeriums, die Reichspropagandaämter, für die Weiterleitung und Kontrolle staatstragender Meldungen.

Den Hauptstadtjournalisten machte Goebbels gleich bei der ersten Pressekonferenz deutlich, welche Informationen er bereit war, zu geben, und was er von ihnen erwartete: *Selbstverständlich sollen sie hier Informationen bekommen, aber auch Instruktionen. Sie sollen nicht nur wissen, was geschieht, sondern sollen auch wissen, wie die Regierung darüber denkt und wie sie das am zweckmäßigsten dem Volk klar machen können.*[152] Die Presse sollte, ganz offen gesagt, *in*

Reichspressetag in Köln am 1. Dezember 1936.
Vierter v. l.: Goebbels, links von ihm Staatssekretär Walther Funk, rechts von ihm der Reichspressechef der NSDAP, Otto Dietrich, daneben der Leiter des Reichsverbandes der Deutschen Presse, Wilhelm Weiss

der Hand der Regierung ein Klavier sein, *auf dem die Regierung spielen könne.*[153]

Die streng geheimen und von Goebbels abgesegneten, oft als Bitten oder «Anregungen» vorgetragenen Presseanweisungen waren letzten Endes verbindlich und ließen den Journalisten in ihrer Berichterstattung so gut wie keinen Spielraum. «Wie selbstverständlich, dürfen keinerlei Kombinationen über die evtl. Nachfolge des Reichspräsidenten angestellt werden. Wie vorsichtig in dieser Beziehung gehandelt werden muß, erhellt [sich] aus einer Beschlagnahme, der heute die ‹Deutsche Zeitung› anheim gefallen ist»[154], hieß es etwa im Pressedekret, das nach Hindenburgs Tod am 31. Juli 1934 an die Redaktionen erging.

Mit einer verwirrenden Fülle von Geboten und Verboten gelang es Goebbels, die allermeisten der noch zugelassenen Journalisten zum Sprachrohr seiner nationalsozialistischen Agenda zu machen. Zwangsläufig folgten den gleichgeschalteten Parolen meist auch gleichförmige Artikel. Seine Forderung, die Presse möge *monoform im Willen*, aber *polyform in der Ausgestaltung des Willens sein*[155], vermochten nur wenige Journalisten zu realisieren. Aus Furcht vor Geld- und Gefängnisstrafen oder einem Berufsverbot setzten sie die Anweisungen meist eins zu eins um. Schließlich drohte der Leiter der Presseabteilung im Ministerium immer wieder damit, sie bei Verstößen persönlich zur Verantwortung zu ziehen. Als der Chefredakteur der «Deutschen Allgemeinen Zeitung» mit seinem Plädoyer für ein unabhängiges Österreich Hitlers Zorn auf sich zog, musste er sofort seinen Schreibtisch räumen.

International renommierten Blättern wie etwa der «Frankfurter Zeitung» oder der «Deutschen Allgemeinen Zeitung» wurden bei der Aufmachung und Aufbereitung von Nachrichten gelegentlich Freiräume gewährt, weil sich mit ihrer Existenz die Fassade eines Meinungspluralismus aufrechterhalten ließ. Auch die 1940 von der NS-Reichsleitung für die Presse erdachte «liberale» Wochenzeitung «Das Reich» sollte diesen Schein wahren und das Image der Nationalsozialisten beim intellektuellen Publikum aufpolieren.

Goebbels war von diesem ohne sein Zutun ins Leben gerufenen Projekt begeistert. Prompt sorgte er dafür, dass man ihm die Leitartikelspalte als «seriöse» Plattform für differenzierter formulierte Botschaften zur Innen- und Außenpolitik überließ. Im Umkreis der bürgerlich-intellektuellen Redaktion befriedigte er nicht nur seinen Hunger nach Prestige, sondern füllte mit 2000 Reichsmark pro Aufsatz auch seine Privatschatulle ordentlich auf. Das Wochenblatt brachte es bis zum Ende des Krieges immerhin auf eine Auflage von etwa 1,4 Millionen Exemplaren.

Gleichwohl änderten die liberalen «Feigenblätter» nichts daran, dass die Mehrzahl der Tages- und Wochenzeitungen inhaltlich immer mehr verödete und ihre Verkaufszahlen nach 1933 dramatisch sanken. Goebbels machte dafür nicht etwa seine Pressepolitik, sondern die Redakteure und deren Phantasielosigkeit verantwortlich: *Ein- oder zweitönig ist der, der die Presse schreibt. Wenn also die Herren Journalisten sich heute in gelehrten Leitartikeln darüber unterhalten, woher es denn eigentlich komme, daß die Presse so eintönig ist, dann sollen sie doch nicht sagen, warum die Presse eintönig ist, sondern sie sollen sich die Frage vorlegen, warum sie so langweilig geworden sind.*[156]

Die Bevölkerung nahm fast alle Zeitungs- und Zeitschriftentitel ziemlich schnell als reines Propagandainstrument wahr und mied sie bewusst. Goebbels' provokante Ratschläge an die eingeschüchterten Journalisten und immer neue Werbekampagnen erhöhten weder die Reichweite noch die Verkaufszahlen der Zeitungen. Erst mit Ausbruch des Krieges wuchs der Informationsbedarf der Deutschen und damit auch die Auflagenzahlen. Im Endeffekt konnten weder er noch seine Konkurrenten um die publizistische Meinungsherrschaft mit der wirtschaftlichen wie inhaltlichen Entwicklung der Presse zufrieden sein.

Goebbels war sich des Widerspruchs von totaler Lenkung und inhaltlicher Vielfalt durchaus im Klaren. Die ganze Paradoxie seiner Pressepolitik steckt in einer Äußerung, die einer seiner Referenten, Werner Stephan, später festgehalten hat: *Wenn mein Sohn die Absicht haben sollte, zur Presse zu gehen, so werde ich das zu verhindern wissen. Etwas Traurigeres kann ich mir nicht vorstellen, als auf Befehl zu schreiben, was andere sich ausdenken. Kaum irgendeinem anderen Beruf fehlt es so völlig an Entfaltungsmöglichkeiten wie dem des Journalisten.*[157]

Auch wenn er seine Macht über die Presse stetig auszubauen suchte und sie inhaltlich wie organisatorisch am nachhaltigsten prägte, war sein Einfluss auf diesem Gebiet keineswegs total. Hier stand er immer wieder in Konflikt mit NSDAP-Reichspressechef Otto Dietrich und dem Geschäftsführer des parteieigenen Eher Verlags, Max Amann, der gegen Ende des Krieges mehr als drei Viertel aller deutschen Verlage dirigierte. So konzentrierte er sich lieber auf jene Medien, wo die Konkurrenz dünner gesät, die Kontrolle schneller zu gewinnen und die propagandistische Wirkung größer war: Rundfunk und Film.

Die Presse ist ein Exponent des liberalen Geistes, Produkt und Instrument der französischen Revolution. Diesem ihrem Grundcharakter entsprechend, sucht sie sich totalitärer Erfassung und Ausrichtung nach Möglichkeit zu entziehen. Der Rundfunk hingegen ist ein Erzeugnis der neuen, nationalsozialistischen Zeit, daher seinem Wesen nach autoritär. Er bietet sich als geistige Waffe von selbst dar. So siecht denn die Presse dahin, während der Rundfunk floriert[158], verglich er altes und neues Medium. Im Vergleich zu der wesentlich unübersichtlicheren Presselandschaft konnten Goebbels und seine Zensoren die überschaubaren Radioproduktionen wesentlich effektiver und effizienter umgestalten. Und in der Tat fand der Rundfunk unter Goebbels' ebenso skrupelloser wie energischer Federführung eine rasante Verbreitung und wurde zu einem seiner wichtigsten und wirkungsvollsten Propagandainstrumente.

Da die Sendeanstalten seit Anfang der 1930er Jahre unter staatlicher Aufsicht standen, konnte Goebbels als Propagandaminister unmittelbarer auf dieses Medium zugreifen als auf die privatwirtschaftlich organisierte Presse. Den Senderchefs machte er dann am 25. März 1933 unmissverständlich klar, dass der Rundfunk *das allermodernste und das allerwichtigste Massenbeeinflussungsinstrument* sei und ausschließlich der nationalsozialistischen Bewegung zu dienen habe. *Der Rundfunk muß der Regierung die fehlenden 48 Prozent zusammentrommeln, und haben wir sie dann, muß der Rundfunk die 100 Prozent halten, muß sie verteidigen, muß sie innerlich durchtränken mit den geistigen Inhalten unserer Zeit, daß niemand mehr ausbrechen kann.*[159] Diesen totalitären Anspruch begann er bald nach den letzten Wahlen vom 5. März 1933 zu verwirklichen und krempelte zunächst die personelle und organisatorische Struktur der Rundfunkanstalten um.

Innerhalb kürzester Zeit bootete er das ursprünglich zuständige Innenministerium aus und bündelte die gesamte Gewalt über den Rundfunk in seinem Haus, das sich hauptsächlich aus den enormen Beiträgen der Gebührenzahler finanzierte. Die relativ kleine, aber umso effektiver arbeitende Abteilung III des Propagandaministeriums entwickelte sich rasch zur «Befehlszentrale des deutschen Rundfunks», und Goebbels war ihr weitgehend unangefochtener Kommandant.

Rigider als alle anderen Minister bediente sich Goebbels der Notstandsparagraphen, um missliebige Rundfunkangestellte aus ihren Ämtern zu jagen. Wer den politischen und rassischen «Reinigungsakt» nicht freiwillig vollziehen und der «nationalen Regierung» nicht hundertprozentig dienen wollte, wurde innerhalb weniger Wochen durch linientreue Parteifunktionäre ersetzt. Die Entlassungen und Beurlaubungen trafen Sekretärinnen ebenso wie Intendanten.

So knüpfte Goebbels binnen Jahresfrist ein engmaschiges Netz von Vertrauensleuten innerhalb des Ministeriums und der

Propaganda-plakat für den Volksempfänger, um 1935

Reichsrundfunkgesellschaft. Letztere produzierte, lenkte und kontrollierte das 24-Stunden-Programm in seinem Sinn. Parallel dazu degradierte er die bis dato relativ eigenständigen deutschen Funkhäuser zu «Reichssendern», die ihre Direktiven sowie vorproduzierte Sendungen unmittelbar aus der Berliner Zentrale erhielten. Besonders wichtige und dringliche Entscheidungen pflegte er unter Umgehung der verantwortlichen Dienststellen per «Kurzschaltung» zu regeln. Mit dem von ihm eingesetzten Reichssendeleiter Eugen Hadamovsky klärte er direkt, wann und wie Führerkundgebungen, Reichsparteitage oder Gedenkfeiern zu übertragen waren und welche Programme die Sender auszustrahlen hatten. Er begnügte sich aber keineswegs damit, Sendungen zu lancieren. Wenn ihm Beiträge nicht zugespitzt genug klangen, redigierte er höchstpersönlich in die Manuskripte hinein und schrieb sie um.

Der ganze Aufwand erzielte aber nur Wirkung, wenn möglichst alle Deutschen das Radioprogramm jederzeit empfangen konnten und wollten. Goebbels legte deswegen größten Wert auf die rasche Entwicklung und serienmäßige Herstellung des «Volksempfängers», der schon im Sommer 1933 für den vergleichsweise geringen Preis von 76 Mark in den Handel kam. Das kleinere Pendant, der im Volksmund «Goebbels-Schnauze» genannte Apparat, war mit 35 Mark noch wesentlich günstiger. Allerdings mussten die Hörer bei diesem Gerät auf den Empfang der vor allem im Krieg so begehrten Auslandssender verzichten.

Dank technischer Fortschritte und Goebbels' geschickter Werbung stieg die Zahl der verkauften Radios und neuen Hörer kontinuierlich. Während 1933 etwa 4 Millionen Rundfunkteilnehmer registriert waren, konnte Goebbels 1941 schon knapp 16 Millionen Gebührenzahler verbuchen. Mit dem Aufruf zum «Gemeinschaftsempfang» in Gaststätten, Betrieben und der reichsweit geplanten Installation von «Reichslautsprechersäulen» sollten auch die letzten Volksgenossen erfasst werden.

Die Beliebtheit des Radios verdankte sich vor allem einem massenkonformen Sendeangebot. Der stets auf die Reaktionen des Publikums konzentrierte Goebbels hatte deswegen verstärkt in die Programmgestaltung eingreifen müssen. In den ersten Jahren glaubten viele ideologisch einfacher gestrickte Parteigenossen, mit Marschmusik, «Reden der Führer und Unterführer» und sonstigen Gesinnungssendungen à la «Blut und Scholle» das Programm füllen zu müssen. Von diesem wenig attraktiven Politfunk hielt Goebbels nichts, weil er die Menschen auf Dauer langweilen musste und die neue Propagandawaffe stumpf werden ließ.

Nur nicht die Gesinnung auf den Präsentierteller legen. Nur nicht glauben, man könne sich im Dienste der nationalen Regierung am besten betätigen, wenn man schmetternde Märsche ertönen läßt. […] Gesinnung muß sein, aber Gesinnung braucht nicht Langeweile zu bedeuten. Die Fantasie muß alle Mittel und Methoden in Anspruch nehmen, um die neue Gesinnung modern, aktuell und interessant den breiten Massen zu Gehör zu bringen, interessant und lehrreich, aber nicht belehrend. Der Rundfunk soll niemals an dem Wort kranken, man merkt die Absicht und wird verstimmt.[160]

Schon Ende 1933 schickten die Programmmacher kulturell

Höherwertiges durch den Äther, ohne jedoch auf die Übertragung von Ereignissen mit «politisch-historischer Tragweite» zu verzichten. Klassische deutsche Musik, von Bach bis Beethoven, sollte auch bürgerliche Kreise an die Lautsprecher locken und für ein anspruchsvolleres Sendeschema stehen. Diese Schwerpunktverlagerung ging anfangs noch zulasten der leichten Muse, mit der Goebbels die «breite Masse» an den Radioapparat fesseln wollte. Deshalb sorgte er relativ bald für die nötige Balance zwischen E- und U-Musik. *Das Programm des Rundfunks muß so gestaltet werden, daß es den verwöhnteren Geschmack noch interessiert und dem anspruchslosen noch gefällig und verständlich erscheint.* Es *soll besonderer Bedacht gerade auf die Entspannung und Unterhaltung gelegt werden, weil die weitaus überwiegende Mehrzahl aller Rundfunkteilnehmer meistens vom Leben sehr hart und unerbittlich angefaßt wird*[161], befahl er den längst willfährigen Intendanten.

Unterhaltung im Wechsel mit Sendungen von «besonderer politischer Bedeutung» kennzeichneten die Programmpolitik bis 1945. Zwar stuften viele besonders linientreue Parteigenossen Tanz- und Unterhaltungsmusik als dekadent ein und lehnten sie ab. Doch ihren Beschwerden, es werde zu viel «Bauchweh-, Nigger- und Zerrmusik» gesendet, begegnete Goebbels gelassen. War ihm doch der Beifall breiter Bevölkerungsschichten für beschwingte Film- und Revuemusik durchaus wichtiger. Seine Programmgestaltung zielte in erster Linie auf die «Volksgemeinschaft», die vor allem während des Krieges bei Stimmung gehalten werden sollte. *Wir gebrauchen zum Kriegführen ein Volk, das sich seine gute Laune bewahrt. Mit Kopfhängerei gewinnt man keine Schlachten*[162], schrieb er 1941 in einem Leitartikel für «Das Reich».

Goebbels förderte die Unterhaltung also nicht um der Unterhaltung willen, sie war immer die wohlklingende Hülle einer durch und durch politischen Propaganda, die unterschwellig auf die Massen wirken sollte. Dass im Verlauf des Krieges bald nur noch 16 Prozent aller Sendungen rein politischer Natur waren und der überwiegende Rest auf unterhaltende Beiträge wie das beliebte «Wunschkonzert» entfiel, entsprach dabei ganz Goebbels' Zerstreuungstaktik. Schließlich zielte sie darauf ab, die negativen Seiten des Krieges auszublenden und die Hörer jederzeit vor den Rundfunkgeräten zu wissen, wenn es politische oder militärische

Siegesmeldungen zu verkünden gab. Negative Nachrichten fielen unter die Zensur, in besonderen Fällen jedoch auch die Unterhaltung. So durften angesichts der verheerenden Bombenangriffe auf Köln etwa keine heiteren Rheinlieder über die Sendemasten gefunkt werden.

Er war sich bewusst, dass eine totale Kontrolle und totale Ablenkung des Hörers nicht möglich war, aber sein Ziel bleiben musste. Viele unzufriedene und mutige Radiobesitzer pegelten ihre Empfänger während des Krieges auf den Feindsender BBC ein, um sich ein wirklichkeitsgetreueres Bild von der militärischen Lage zu machen. Den «schwarzhörenden» Volksgenossen drohte er mit Zuchthaus und Todesstrafe oder trat den von seinem Ministerium ebenfalls abgehörten «Gräuelnachrichten» mit zugeschalteten Sondersendungen sogar persönlich entgegen.

Doch weder angedrohte Strafen noch aufgestellte Störsender vermochten das Bedürfnis vieler Deutscher nach ungefilterter Berichterstattung zu unterdrücken. Im Gegenteil: Die monoton wiederholte Desinformation und das der Ablenkung dienende Musikprogramm weckten Misstrauen. Auch jetzt machte Goebbels nicht seine manipulative Programmpolitik und Zensur, sondern den abgedroschenen Stil der Beiträge dafür verantwortlich, dass die Propaganda beim *Hörer ein Gefühl des Überdrusses hervorrufe*[163]. Goebbels' Kritik konnte jedoch nicht darüber hinwegtäuschen, dass sich die Schere zwischen der harten Kriegsrealität und der heilen Welt in den Rundfunkbeiträgen immer weiter öffnete.

An dieser für die Deutschen unübersehbaren Kluft änderte auch das in Goebbels' Augen *beste Volksführungsmittel, das wir besitzen*[164], nur zeitweise etwas. Die «Wochenschau», von ihm als *filmisches Epos deutschen Heldentums*[165] gepriesen, erreichte während des Krieges wöchentlich rund 20 Millionen Zuschauer. Meist setzten die von speziell ausgebildeten Propagandaeinheiten der Wehrmacht gefilmten und produzierten 40-Minüter auf spektakuläre Kampfaufnahmen. Eigene Verluste und feindliche Vorstöße wurden wohlweislich ausgeblendet, um die Siegesgewissheit der Bevölkerung nicht zu erschüttern. Begeisterung kam bei den Deutschen jedoch nur so lange auf, wie sich das Gezeigte einigermaßen mit den Berichten von Fronturlaubern oder Gerüchten vertrug.

Dass die Propagandastreifen in den ersten Kriegsjahren beim

Ein Kameramann der deutschen Propagandakompanie filmt für die «Wochenschau» einen Vorstoß der Infanterie. Undatiertes Foto

Publikum so beliebt waren, lag aber nicht allein an den Siegesmeldungen, sondern auch an Goebbels' Gespür für dramaturgisch perfekt inszenierte Nachrichtenfilme. Spätestens mit Kriegsbeginn legte er bei Text wie Montage höchstpersönlich Hand an und bestand auf *illustrativer Begleitmusik*, um die «authentischen» Bilder möglichst effektvoll zu präsentieren. Sogar an *eine farbige Wochenschau*, die sehr viel *instruktiver wirkt als eine Wochenschau in Schwarz-Weiß*, dachte er bereits 1943. Doch daraus wurde ebenso wenig etwas wie aus der *revolutionierenden technischen Neuerung des Fernsehens*, von der er 1935 glaubte, dass sie zu *heute noch gar nicht übersehbaren Resultaten führen* könnte.[166]

Obgleich er sich im Wettstreit mit den konkurrierenden Ministerien um die «Zuständigkeit für das Fernsehwesen» bemühte, setzte er lieber auf das technisch bereits bewährte und beliebteste Massenmedium: den Film. Er wurde zu seinem besonderen Steckenpferd, wohnte ihm doch die stärkste Suggestionskraft inne. *Die Wochenschau hat dem Spielfilm den Weg bereitet, und am Ende des Krieges wird der Film selbst zweifellos eines der wichtigsten Volksführungs- und Volksbeeinflussungsmittel sein und bleiben.*[167] Von An-

«Wir wollen mit unseren Filmen keine Propaganda betreiben, wir wollen mit ihnen Kunst schaffen, und zwar Kunst, die ihrem höchsten Sinne nach volkserzieherisch ist.»
Rede vom 15. Februar 1941

fang an betrachtete er den Spielfilm als Erziehungsmittel, das er neben Theater, Malerei wie Musik zu einer eigenen Kunstform entwickeln wollte und das am Ende doch nur Propagandamedium war.

Bereits vor 1933 analysierte der filmbegeisterte Goebbels bei seinen Kinobesuchen die Dramaturgie und Wirkung von Filmen auf das Publikum. Die nationalsozialistische Ideologie hinderte ihn nicht daran, Hollywoodproduktionen für ihre technischen und Sergej Eisensteins Meisterwerk «Panzerkreuzer Potemkin» für seine ästhetisch-politischen Qualitäten zu loben. *Abends sahen wir Potemkin. Ich muß schon sagen, der Film ist fabelhaft gemacht. Mit ganz prachtvollen Massenszenen. Technische und landschaftliche Details von prägnanter Durchschlagskraft. Und die Bombenparolen so geschickt formuliert, daß man keinen Widerspruch erheben kann*[168], vertraute er seinem Tagebuch 1928 an. Die Inhalte waren für ihn austauschbar, die Form hingegen nicht. Von den deutschen Regisseuren wünschte er sich später nichts weniger als einen *nationalsozialistischen Potemkin.*

Freilich konnte er bis 1933 von solch aufwendigen und perfekt gemachten Filmproduktionen nur träumen. Nach seiner Ernennung zum Propagandaminister und Präsidenten der Reichskulturkammer nahm er die noch privatwirtschaftlich organisierte Filmbranche jedoch sofort ins Visier und gerierte sich in seinem Tagebuch und in seinen Reden als Filmexperte. Bis zur endgültigen Verstaatlichung der drei großen deutschen Produktionsgesellschaften UFA, Tobis und Bavaria im Jahr 1936 konzentrierte er sich zunächst auf die «Arisierung» des Filmpersonals und die Zensur von Treatments, Drehbüchern und Filmen. Dabei konnte er längst nicht so konsequent vorgehen, wie er es eigentlich wollte und den Filmschaffenden angedroht hatte. So durfte die jüdische Schauspielerin Trude Hesterberg wegen ihrer Beliebtheit beim Publikum dank einer Sondergenehmigung von Goebbels weiter auftreten. Von Hitler persönlich protegierte «Mischehen», wie die der Schauspielerin Henny Porten, tastete er nicht an. Und auch Hitlers Zensurwünschen unterwarf er sich stets, manchmal mit Skepsis, aber ohne Gegenwehr.

Die ersten rein nationalsozialistischen Filmprojekte wie «Hitlerjunge Quex» oder «SA-Mann Brand» gingen zunächst nicht nur wegen ihrer geringen Zahl, sondern auch wegen ihrer allzu offenen ideologischen Indoktrination in der Flut seichter, aber umso beliebterer Unterhaltungsfilme unter. Obwohl sich Goebbels als *leidenschaftlicher Liebhaber der filmischen Kunst*[169] oft abschätzig über die *vulgäre Plattheit des Massenamüsements*[170] äußerte, förderte er die Produktion von Komödien, Musik- und Revuefilmen vor allem nach 1939, als die Menschen immer stärker nach Ablenkung vom Kriegsalltag verlangten.

Mit der vollständigen Verstaatlichung der Filmfirmen Ende 1936 stand dieses Medium ganz unter Goebbels' Kontrolle. Schon während der Übernahmeverhandlungen notierte er, dass die *unpolitische Zeit [...] nun auch für den Film*[171] vorbei sei. Ein knappes halbes Jahr später triumphierte er: *Ich schalte mich jetzt sehr stark in alle Produktions- und Besetzungsfragen ein.*[172] Fortan las Goebbels fast «jedes eingereichte Filmmanuskript, entschied über Annahme oder Ablehnung, ordnete weitere Bearbeitungen oder die Herstellung des Drehbuchs an oder änderte selbst Inhalt und Sinn der Filmidee. Die Drehbücher las Goebbels wieder selbst und formte sie nach seinem politischen Willen und ästhetischen Vorstellungen, bestimmte den Regisseur und die wichtigsten Rollenbesetzungen, verhandelte mit diesen unmittelbar und griff auch während der Filmherstellung nach Belieben ein»[173], wie der Reichsbeauftragte für die Filmwirtschaft, Max Winkler, nach dem Krieg aussagte.

Selbst Nebensächlichkeiten erklärte er nun zur Chefsache und fühlte sich als Einziger dazu berufen, über Nachwuchskünstler wie die junge Hildegard Knef knapp und fachmännisch zu urteilen: *Die ist nett. Jedoch muß die Nase operiert werden. Genehmigt für ein halbes Jahr.*[174] Seine «Fördermaßnahmen» zielten darauf, die von ihm als *politisch charakterlos*[175] titulierten Schauspieler frühzeitig in nationalsozialistische Darsteller von internationalem Format zu verwandeln. Dies blieb jedoch ebenso Illusion wie sein Wunsch, den deutschen Film langfristig zu einem weltweiten Exportschlager zu machen.

Trotz solch utopischer Pläne behielt Goebbels weiterhin die große Linie seiner im Detail keineswegs immer geradlinigen Filmpolitik im Blick. War bis 1937 sein Anspruch auf eine zugleich

Goebbels besucht mit Vittorio Mussolini (rechts), dem Sohn des italienischen Diktators, die Dreharbeiten zu dem UFA-Film «Preußische Liebesgeschichte», 1938. Zwischen Goebbels und Mussolini stehen Staatssekretär Karl Hanke und Willy Fritsch im Filmkostüm.

volksnahe und politische Filmästhetik noch kaum realisiert – an Leni Riefenstahls Parteitags- und Olympiafilmen war er nur als Kreditgeber beteiligt –, bekam sie danach deutlichere Konturen. Filme wie «Der Herrscher», über einen verantwortungsvollen, auf Hitler anspielenden Fabrikbesitzer, waren für Goebbels Ausdruck einer *Kunst, die ihre Haltung durch nationalsozialistischen Charakter und durch Aufraffen nationalsozialistischer Probleme zum Ausdruck* brachte und nicht *durch Zurschaustellung nationalsozialistischer Embleme und Symbole.*[176]

Sollten die von ihm genehmigten und geförderten Spielfilme bis zum Jahreswechsel 1938/39 auf eher unterschwellige Art und Weise den nationalsozialistischen Wertehorizont abbilden, ging es danach verstärkt darum, die «Volksgemeinschaft» auf die kommenden militärischen Konflikte einzustimmen. Dennoch war Goebbels' Engagement für kriegsverherrlichende Spielfilme eher zurückhaltend bis abwartend, hielt ihn seine eigene kriegskritische Sicht und Unentschlossenheit zunächst von allzu forschen Schritten ab. Erst nach Ausbruch des Krieges forcierte er die Produktion von offenkundigen Propagandafilmen – nicht völlig freiwillig, wie seine reumütigen Tagebuchnotizen beweisen: *Der Führer übt sehr scharfe Kritik am Film. […] Ich halte das nicht ganz für berechtigt. Er tut das vor all den Offizieren und Adjutanten. Aber er hat das Recht dazu, er ist ein Genie.*[177]

So dominierten in den Filmen bald schon der heroische Kampfeinsatz deutscher Soldaten («Über alles in der Welt»), die Verunglimpfung des militärischen Gegners («Ohm Krüger») und die Herausforderungen an der Heimatfront («Auf Wiedersehen, Franziska»). Ende der 1930er Jahre entstanden dann die von ihm in Auftrag gegebenen antisemitischen Großproduktionen «Jud Süß», «Die Rothschilds» und «Der ewige Jude». Vom *Jud-Süßfilm* schwärmte er 1940: *Ein ganz großer, genialer Wurf. Ein antisemitischer Film, wie wir ihn uns nur wünschen können.*[178]

Solange die deutschen Soldaten an allen Fronten auf dem Vormarsch waren, erfüllten die politisch-militärischen Spielfilme durchaus Goebbels' Erwartungen und fanden auch beim Publikum den erhofften Zuspruch. Als sich im Herbst 1941 an der Ostfront jedoch ein ebenso langwieriger wie verlustreicher Kampf abzeichnete, schaltete er wie beim Radio relativ rasch wieder auf das Unterhaltungsprogramm um. *Wir müssen in diesem vor uns liegenden Winter bestrebt sein, alles daran zu setzen, das Volk bei guter Laune zu halten. Es darf im bevorstehenden Winter keine pessimistische, graue oder verzweifelte Stimmung um sich greifen. Da sind Rundfunk und Film unsere besten Hilfsmittel. Entscheidend ist jetzt, was das Volk will. Gute Laune hilft auch mit den Krieg zu gewinnen*[179], schrieb er im September 1941.

Bis zum Kriegsende hielt Goebbels, mit wenigen Ausnahmen, am Primat der «verkitschten» Unterhaltung fest. So nahm der Anteil schwerblütiger Heldenepen nach 1942 zugunsten fröhlicher Filmformate kontinuierlich ab. Auch gegen den Widerstand vieler nationalsozialistischer Fanatiker verteidigte der wandlungsfähige Propagandist nun die meist unpolitischen, aber in ihrer stimmungsaufhellenden Wirkung nicht zu unterschätzenden Liebeskomödien, Schwänke oder Operetten. Diese Filme waren aber auch wegen Stars wie Hans Albers oder Zarah Leander so beliebt, die Goebbels mit hohen Gagen und Auszeichnungen an sich und das Regime band.

Zweifellos registrierten nicht nur die Kinogänger die Diskrepanz zwischen fiktiver Filmwelt und nüchternem Kriegsalltag. Trotz oder gerade wegen der Niederlage in Stalingrad 1942/43 und der schweren Luftangriffe auf deutsche Städte war sich Goebbels jedoch sicher: *Das Volk will jetzt Unterhaltungsfilme oder Filme mit großen, wenn auch tragischen oder dramatischen menschlichen Stoffen.*[180] Zu diesen Filmen gab es weder psychologisch noch finanziell eine Alternative.

Während die relativ preiswert zu produzierenden Revuen und Komödien also die Kinoprogramme beherrschten, wollte Goebbels mit «Kolberg», einem aufwendig gestalteten Durchhaltefilm aus Preußens militärischen Glanzzeiten, die Deutschen ein letztes Mal zum erbitterten Widerstand gegen die anrückenden Alliierten anstacheln. Wie bei den beiden Historienfilmen «Der Große König» (1942) und «Die Entlassung» (1942) setzte er dabei seine ganze Hoffnung auf den psychologischen Effekt, mit dem er ein halbes Jahr vor der deutschen Niederlage noch glaubte, *eine gewonnene Schlacht in der politischen Kriegsführung*[181] verbuchen zu können.

Als «Kolberg» im Januar 1945 anlief, gab es kaum noch intakte Kinos, geschweige denn ein aufnahmebereites Publikum. Goebbels überschätzte in der Endphase des Dritten Reiches nicht nur die propagandistische Wirkung dieses Massenmediums, das er wie kein anderes kontrollierte und inhaltlich manipulierte. Er überschätzte seine Fähigkeiten und Möglichkeiten, politische und ästhetische Bedürfnisse in Einklang zu bringen.

Hier wie auch in Goebbels' gesamter Medienpolitik spiegelten sich nicht nur seine Eitelkeit und sein Hang zur Selbsttäuschung, sondern auch die Abhängigkeit von Hitlers Wünschen und dem durchaus «eigensinnigen» Publikumsgeschmack.

Als Kulturpolitiker musste Goebbels diese Variablen der Macht ebenfalls berücksichtigen, wollte er mit der Kunst erfolgreich Propaganda betreiben. Allerdings offenbarten sich auf kulturellem Terrain nicht nur die Widersprüche zwischen nationalsozialistischer Ideologie und machtpolitischer Praxis, sondern auch Goebbels' labiler und zutiefst opportunistischer Charakter.

«Schutzpatron der Kunst und Kultur» – der Kulturmanager

Die deutsche Kunst des nächsten Jahrzehnts wird heroisch, sie wird stählern, romantisch, sentimentalitätslos sachlich, sie wird national mit großem Pathos und gleichfalls verpflichtend und bindend sein – oder sie wird nicht sein[182], orakelte der frischgebackene Propagandaminister 1933 gegenüber bedeutenden Künstlern aus allen Bereichen. In dieser Absolutheit war die pure nationalsozialistische Kunstideologie jedoch niemals durchzusetzen. Goebbels wusste um die Diskrepanz zwischen Anspruch und Wirklichkeit mehr als jeder andere Kulturpolitiker der NSDAP. Um seine kulturpolitischen Ziele zu erreichen, ging er denn auch bei der Literatur, dem Theater, der Bildenden Kunst und der Musik oft Kompromisse ein.

Wie die Massenmedien hatten auch die Künste einen politischen Auftrag zu erfüllen. Kein Wunder, dass Goebbels sämtliche Gattungen unter seine Kontrolle bringen wollte. Als Geisteswissenschaftler fühlte er sich dazu fachlich, als Minister politisch zum perfekten Kulturbeauftragten der Regierung berufen, weshalb er sich und die Nationalsozialisten auch gern zu *Schutzpatronen der Kunst und Kultur*[183] erklärte. So wachte der Propagandaminister über alle bereits erschaffenen und noch zu schaffenden Kunstwerke und entschied in seiner Funktion als Präsident der Reichskulturkammer über das berufliche Schicksal der Künstler.

Sein ministerieller Arm reichte hier – wie auf dem Gebiet der Massenmedien auch – nicht immer gleich weit. Zum einen schränkten hier die Kompetenzstreitigkeiten mit anderen Ministerien oder Parteiinstanzen seinen Spielraum ein. Zum anderen widmete sich Goebbels nicht jeder Kunstsparte mit dem gleichen Engagement. Während er für den Film und die Literatur Feuer und Flamme war, ließ er es in der Bildenden Kunst und der Musik nicht nur an Interesse und Leidenschaft vermissen. Hier musste er auch ganz besondere Rücksicht auf Hitler nehmen, der als gescheiterter Kunststudent und Wagner-Enthusiast sehr oft das letzte und entscheidende Wörtchen mitredete.

Wenn Goebbels erklärte: *Wir wollen die Kunst wieder zum Volke führen, um das Volk wieder zur Kunst führen zu können*[184], hieß das im Grunde, die Kunst den Bedürfnissen der Bevölkerung so weit anzupassen, dass diese sich ans Regime anpasste. Der allzu plakativen Politkunst konnte er weder intellektuell noch propagandistisch etwas abgewinnen. Die Kunst sollte die nationalsozialistischen Botschaften im Idealfall vielgestaltig und verdeckt transportieren. Gleichzeitig ließen seine Verbote und Gebote keinen Zweifel daran aufkommen, was er als nationalsozialistisches Kunstwerk zu fördern und zu schützen bereit war.

«Niemand von uns ist der Meinung, daß Gesinnung Kunst ersetzen könnte. Auch bei Kunst kommt es nicht darauf an, was man will, sondern vielmehr darauf, was man kann. [...] Nur geweihte Hände haben das Recht, am Altare der Kunst zu dienen.»

Rede zur Eröffnung der Reichskulturkammer am 15. November 1933

Deshalb verpasste er der Kunstkritik nach mehreren gescheiterten Anläufen einen Maulkorb und wollte sie durch einen *Kunstbericht* ersetzt sehen, der *weniger Wertung, als vielmehr Darstellung und damit Würdigung* sein sollte. *Der künftige Kunstbericht setzt die Achtung vor dem künstlerischen Schaffen und der schöpferischen Leistung voraus. Er verlangt Bildung, Takt, anständige Gesinnung und Respekt vor dem künstlerischen Wollen. Nur Schriftleiter werden in Zukunft Kunstleistungen besprechen können, die mit Lauterkeit des Herzens und der Gesinnung des Nationalsozialisten sich dieser Aufgaben unterziehen*[185], verkündete er am 28. November 1936 offiziell im «Völkischen Beobachter». Doch förderten solche Leitlinien weder die Qualität der Kritik noch die der zu beschreibenden Kunst, die viel Mittelmäßiges und Minderwertiges, aber nur noch wenig Anspruchsvolles hervorbrachte.

Das war besonders auf dem Gebiet der Literatur zu beobachten, wo Goebbels aufgrund seiner eigenen kläglichen Versuche mit besonderem Eifer gegen die begabteren und meist auch NS-feindlichen Schriftsteller vorging. So maßte er sich hier auch eine hohe Kompetenz an: *Ich weiß, was es heißt, mit dem Wort umzugehen. Ich weiß, was es heißt, mit dem Stil zu ringen, welch eine ernste Arbeit es ist, sich mit der eigenen Muttersprache auseinanderzusetzen und in Worte zu fassen, was die anderen nur dumpf fühlen, ahnen oder empfinden.*[186]

Obwohl die Bücherverbrennung am 10. Mai 1933 auf dem Berliner Opernplatz nicht unmittelbar von ihm, sondern von nationalsozialistischen Studenten organisiert worden war, verlieh er der Aktion mit seinen programmatischen Worten den offiziellen Segen: *Das Alte liegt in Flammen. […] Aus diesen Trümmern wird sich siegreich erheben der Phönix eines neuen Geistes, eines Geistes, den wir tragen, den wir fördern und dem wir das entscheidende Gesicht geben und die entscheidenden Züge aufprägen*[187], versprach er den fanatisierten Jungakademikern.

Wenn der damalige Student Golo Mann als Augenzeuge dieser kulturellen Vernichtungsaktion meinte, Goebbels habe in seiner Rede «eher zu bremsen als aufzuwiegeln» versucht, mag das darauf hindeuten, dass sich beim Propagandaminister vielleicht einen Moment lang das schlechte Gewissen des promovierten Germanisten geregt hat. Letztlich zählten für ihn aber immer das politische Kalkül, persönliche Vorlieben und der Wunsch nach totaler Kontrolle über den Literaturbetrieb.

Studenten sammeln Bücher für die Bücherverbrennung am 10. Mai 1933.

Trotz des rigiden Verbots der allermeisten jüdischen, liberalen und linken Autoren, Bücher und Verlage bemühte sich Goebbels darum, die letzten nicht «verbrannten» Dichter von Rang in der Heimat zu halten. Deutschlands kulturelle Reputation war ihm alles andere als gleichgültig. So begrüßte er zwar den Aufstieg zweitrangiger und ideologisch zuverlässiger Autoren wie Hans Grimm oder Hanns Johst in die preußische Dichterakademie, wollte aber etwa einen Geistesaristokraten des Expressionismus wie Stefan George an ihrer Spitze wissen. Damit scheiterte er jedoch ebenso wie mit seinem Werben um Thomas Mann, den er seit den 1920er Jahren verehrte. *Ich ahne alten Hansegeist und denke immer an die Buddenbrooks. Ich denke immer an Thomas Mann*[188], schwärmte er 1925 in seinem Tagebuch. Doch der Literaturnobelpreisträger aus Lübeck und die meisten anderen bedeutenden Schriftsteller emigrierten nicht zuletzt wegen seiner Literaturpolitik.

Goebbels' literarisches Portfolio schmückten danach nur noch wenige bekannte Autoren wie Hermann Hesse, Hans Fallada oder Ricarda Huch, die sich in die innere Emigration oder in die unpolitische Anpassung flüchteten. Wie alle anderen waren auch sie Goebbels' radikaler «Neuordnung des deutschen Schrifttums» unterworfen und damit der radikalen Zensur. Unter seiner Federführung stellten das Propagandaministerium und die Reichskulturkammer «Jahreslisten» schädlicher, unerwünschter wie förderungswürdiger Titel zusammen. Sie kontrollierten die Buchproduktion, den Buchhandel sowie die Büchereien, quasi den gesamten Produktions- und Vertriebsprozess. Für bis zu 250 Autoren und Tausende von Titeln bedeutete Goebbels' zwölfjährige Literaturpolitik das Aus.

Was übrig blieb, waren neben schwülstigen Volksromanen Bücher von eilfertigen Dichtern im Dienste des Staates. Mit hochdotierten Literaturpreisen ehrte Goebbels all jene Schriftsteller, die seine auf den «Weimarer Dichtertagen» ausgegebenen Jahresparolen – 1940 lautete sie zum Beispiel: «Die Dichtung im Kampf des Reichs» – am vorbildlichsten umgesetzt hatten. Werke ausländischer Autoren duldete er nur, wenn sie dem Regime wohlgesonnen waren. Die Liste der Bestsellerautoren und Träger hochdotierter Literaturpreise las sich denn auch wie ein «Who's who» parteitreuer Staatsdichter. Als großes Vorbild für die Literatur im NS-Staat empfahl er im Übrigen niemand Geringeren als den «Führer» selbst. *Er geht mit der Sprache um, wie ein sorgsamer Gärtner mit den Blumen und Pflanzen seines Gartens umgeht. Seine Worte, ob er spricht oder schreibt, sind bis zum letzten gefeilt und stilistisch durchgearbeitet*[189], schwärmte er.

Nicht ganz so tief wie im literarischen Leben, aber dennoch unübersehbar waren die Spuren, die Goebbels in der Theaterlandschaft hinterließ. Während Göring als preußischer Ministerpräsident in Berlin über die international renommierte Staatsoper «Unter den Linden» und das «Staatliche Schauspielhaus» am Gendarmenmarkt gebot, musste sich Goebbels mit den weniger bedeutenden Theatern in Berlin und den Provinzbühnen im Reich begnügen. Auf diesem Terrain kontrollierte er allerdings relativ unbeschränkt die Besetzungslisten, Inszenierungen und Spielpläne. Den Schauspielintendanten bedeutete er kurz nach seinem Amtsantritt, dass der *große Pendelschlag der Zeit an den Toren des Theaters*[190] nicht haltmachen dürfe.

Goebbels selbst holte schließlich als Erster zu einem «Schlag» gegen die moderne Theaterkunst der Weimarer Republik aus, indem er «anstößige» Dramatiker wie Frank Wedekind oder regimekritische Regisseure wie Max Reinhardt von den Bühnen jagte. Stattdessen rief er nationale Theatertage und Theaterwochen ins Leben, bei denen die klassischen Stücke von Goethe und Schiller sowie volkstümliche Dramen zu sehen waren. Das von ihm geförderte «Thingspiel» schließlich sollte eine originär nationalsozialistische Bühnenkunst hervorbringen.[191]

Hinter diesem Projekt verbargen sich Weihefestspiele, bei denen auf riesigen Freilichtbühnen und mit Tausenden von Komparsen ruhmreiche Szenen der deutschen Geschichte in dramatisierter Form aufgeführt wurden. Das Vorzeigestück «Frankenburger Würfelspiel» etwa glorifizierte den Aufstand der Landleute gegen die Adelsherrschaft im 17. Jahrhundert. Weder beim Vergnügen suchenden noch beim anspruchsvollen Publikum setzten sich diese allzu ideologisch gefärbten Inszenierungen durch.

Erfolgreicher waren da schon die romantisch-realistischen Stücke Heinrich von Kleists oder Friedrich Hebbels. Natürlich fanden sich auf den Spielplänen auch genug Beispiele purer NS-Dramatik: Lustspiele, Komödien und Volksstücke, in denen deutsche

Uraufführung von «Das Frankenburger Würfelspiel» von Eberhard Wolfgang Möller auf der Berliner Waldbühne, 29. Juli 1936

Tugenden hochgehalten wurden.[192] Doch letztlich ging es mehr um die erzielte Stimmung und weniger um die dramatische Bearbeitung nationalsozialistischer Glaubenssätze. So bestand für ihn kein *verhängnisvoller Fehler*[193] darin, Kinogänger wie Theaterfreunde, wenn «volkspsychologisch» nötig, mit leichter Kost zu füttern.

Bei den Schauspielern und Regisseuren lichtete Goebbels die Reihen nicht ganz so stark wie bei den Schriftstellern, die er politisch für gefährlicher hielt. Goebbels und Göring protegierten und förderten ihre durchaus hochkarätigen Lieblinge, die dem Theaterleben zwar keine neuen Impulse, aber doch nach außen ein handwerklich professionelles Gesicht gaben. Für ihre meist unpolitische Haltung und ihre künstlerische Leistung belohnte sie Goebbels mit prunkvollen Empfängen, staatlichen Auszeichnungen, Ausnahmegagen und einer gesicherten Altersversorgung. Verbunden damit war sicherlich auch die Hoffnung, in der Öffentlichkeit vom Glanz und der Popularität dieser Schauspieler zu profitieren.

Gleichzeitig behielt er seine Schützlinge aber auch ständig im Auge und ließ ihr künstlerisches Schaffen in regelmäßig erstellten Dossiers dokumentieren und beurteilen. So hieß es über Heinrich George in den Akten seines Ministeriums: «Stark auf frühere Erfolge festgelegt, fehlt George die große schauspielerische Aufgabe, die dem vitalen Talent seine Wege eröffnet. Seine Theaterführung ist anerkennenswert, wenn auch ganz ohne persönliche Note, die man eigentlich von ihm erwartet hat.»[194] Goebbels schätzte den Schauspieler und Intendanten des Berliner Schiller-Theaters bis zum Schluss, obwohl dieser auch regimekritische Mimen an seinem Haus engagiert hatte. Insofern drückte Goebbels gelegentlich beide Augen zu, wenn jemand seine Sympathie oder Wertschätzung genoss.

War Goebbels mit den Sparten Film, Literatur und Theater noch einigermaßen vertraut, so betrat er in der Bildenden Kunst und der Musik nicht nur ein neues, sondern auch ein besonders vermintes Terrain. Handelte es sich doch hier um künstlerische Ausdrucksformen, bei denen Hitler meinte, geniale Urteilskraft zu besitzen. Insofern bewegte sich Goebbels auf beiden Gebieten äußerst unsicher. Und nicht selten lagen er und Hitler in der Beurteilung von Kunstwerken über Kreuz.

Während Hitler die Komponisten Richard Wagner und Anton Bruckner in den Olymp der Musik hob, feierte Goebbels noch 1932 Wolfgang Amadeus Mozart als *das größte musikalische Genie des Abendlandes*[195]. Sobald es die politische Situation von ihm verlangte, machte er sich Hitlers Geschmack zu eigen und stimmte etwa bei allen großen Parteiveranstaltungen mit Begeisterung die Wagner-Chöre an. Da er in der Musik nur selten seinen eigenen, sondern vielmehr Hitlers Vorlieben folgte, war er auch öfter zu Zugeständnissen bereit.

Obgleich Goebbels jüdische und avantgardistische Komponisten wie Arnold Schönberg oder Dirigenten wie Erich Kleiber von den Konzertbühnen verbannte, verfügte Deutschland in den 1930er Jahren immer noch über ein großes Reservoir international renommierter «arischer» Künstler, wie Richard Strauss und Wilhelm Furtwängler. Auch gegen den Widerstand von Hitlers Chefideologen Alfred Rosenberg machte Goebbels sie zu Aushängeschildern der deutschen Musikkultur und kürte Strauss zum

Präsidenten und Furtwängler zum Vizepräsidenten der Reichsmusikkammer.

So musste er auch deren musikpolitische Sonderwege rechtfertigen, die oft genug abseits der nationalsozialistischen Pfade verliefen. Wilhelm Furtwängler etwa verurteilte schon bald nach der Machtübernahme in der «Vossischen Zeitung» den vom «Schutzpatron» in der Musikwelt gezogenen «Trennungsstrich zwischen Juden und Nichtjuden»[196]. Goebbels' rhetorisch abgewogene, aber doch eindeutige Replik sollte weder Furtwängler noch die eigenen Reihen verstimmen. So schrieb er in einem Brief an den Dirigenten: *Die Kunst soll nicht nur gut sein, sie muß auch volksmäßig bedingt erscheinen. [...] Kunst im absoluten Sinne, so wie der liberale Demokratismus sie kennt, darf es nicht geben. Der Versuch ihr zu dienen, würde am Ende dazu führen, daß das Volk kein inneres Verhältnis mehr zur Kunst hat und der Künstler sich selbst im luftleeren Raum des L'art-pour-l'art-Standpunktes von den treibenden Kräften der Zeit isoliert und abschließt. [...] Jedenfalls aber bin ich der Meinung, daß jedem wirklichen Künstler bei uns das Feld zur unbehinderten Wirksamkeit freigegeben werden soll.*[197]

Sehr zum Missvergnügen der Parteiideologen und auch Goebbels' nutzte Furtwängler diesen kleinen Spielraum und dirigierte im Oktober 1934 die symphonisch bearbeitete Oper «Mathis, der Maler» von Paul Hindemith. Der Avantgardist gehörte bis dahin noch zu den wenigen Komponisten, die Goebbels protegierte. Er knickte jedoch vor den vehementen Protesten Hitlers und seiner Kulturideologen ein und bezeichnete Hindemith plötzlich als *atonalen Geräuschemacher*[198]; Furtwängler entband er auf eigenen Wunsch von seinen kulturpolitischen Ämtern.

Der renommierte Dirigent ließ seine Emigrationspläne nur deshalb fallen, weil sein künstlerischer Intimfeind Arturo Toscanini im Ausland gegen ihn agitierte und Goebbels in einer Aussprache mit Drohungen und Angeboten auf ihn einwirkte. In einer von Goebbels herausgegebenen Pressemitteilung versprach der geschätzte wie gemaßregelte Dirigent, fortan nicht mehr «in die Leitung der Reichskunstpolitik einzugreifen, die auch nach seiner Auffassung selbstverständlich vom Führer [...] und dem von ihm beauftragten Fachminister bestimmt»[199] würde. Damit war für Goebbels der «Fall» Furtwängler erst einmal abgeschlossen.

Den knapp siebzigjährigen Richard Strauss ereilte ein ähnliches Schicksal, obwohl er Goebbels bereits 1933 ein Lied gewidmet hatte. Dieser schätzte den Komponisten durchaus für seine bedeutenderen Werke und feierte ihn offiziell als *einen der repräsentativsten deutschen Musiker*[200]. Goebbels wie auch Hitler sahen deshalb darüber hinweg, dass das Libretto von Strauss' Oper «Die schweigsame Frau» aus der Feder des jüdischen Autors Stefan Zweig stammte. Schließlich äußerte sich der Präsident der Reichsmusikkammer bei offiziellen Auftritten ganz im Sinne der neuen Machthaber.

Allerdings enthüllten seine Briefe an Zweig, die die Gestapo im Auftrag Alfred Rosenbergs im Sommer 1935 beschlagnahmte, wie wenig Strauss von den Nationalsozialisten hielt. Darin war zu lesen, dass er nur den «Präsidenten mime [...] um Gutes zu tun und größeres Unheil zu verhüten»[201]. Nun musste Strauss nach dem Willen Hitlers und auf Geheiß Goebbels' vom Präsidentenamt zurücktreten. Um den Schaden in der Öffentlichkeit zu begrenzen, schob Goebbels die angeschlagene Gesundheit des renommierten Künstlers vor, während dessen Opern weiterhin, wenn auch weniger häufig, inszeniert werden durften.

Goebbels begrüßt den Komponisten Richard Strauss in der Düsseldorfer Tonhalle anlässlich der Eröffnung der Reichsmusikfestwoche. In der Mitte Heinz Drewes, Leiter der Abteilung Musik im Propagandaministerium, 22. Mai 1938

Die «Fälle» Furtwängler und Strauss bewiesen einmal mehr, wie opportunistisch Goebbels' musikpolitische Entscheidungen ausfallen konnten. Musik und Musiker beurteilte er nicht allein nach ideologischen Gesichtspunkten, sondern er war dort zu Konzessionen bereit, wo die Prominenz und das Prestige eines Künstlers dem kulturellen Ruf des Regimes dienlich waren.

Da die ausgesprochen nationalsozialistisch gesinnten Komponisten keine Spitzenleistungen hervorbrachten, stellte er das «nationale Vermächtnis» in den Dienst seiner Propaganda. In den «Wochenschauen», im Rundfunk, auf Parteitagen und sonstigen Großveranstaltungen erklangen Kompositionen von Bach über Beethoven bis Bruckner. Die Klassiker sollten der breiten Masse nicht nur deutsches Kulturgut näherbringen, sondern auch zeigen, zu welchen Leistungen die deutsche Kunst bisher fähig gewesen war und zu welchen sie es wieder würde bringen können. Bei der klassischen Musik konnte Goebbels auf ein aufnahmebereites Publikum hoffen, das in seiner Mehrzahl den musikalischen Experimenten der Moderne ohnehin ablehnend oder gleichgültig gegenüberstand.

Auf den von ihm initiierten Reichsmusiktagen, die einen Überblick über das neuere Musikleben im Dritten Reich geben sollten, fühlte er sich 1938 dazu berufen, *Zehn Grundsätze des deutschen Musikschaffens*[202] aufzustellen. Hierin beschwor er nicht nur den volkstümlichen Charakter der neuen deutschen Musik, sondern bemaß ihre Qualität auch nach dem Grad ihrer Wirkung auf das Volk. *Die Musik ist jene Kunst, die das Gemüt der Menschen am tiefsten bewegt. […] Die Sprache der Töne ist manchmal durchschlagender als die Sprache der Worte*[203], lautete eine seiner zehn Maximen.

Die von ihm geförderte und gebilligte Musik sollte nicht nur von deutschem Geist und deutscher Schöpferkraft künden, sondern auch zur Entspannung des Volkes beitragen. So verwundert es kaum, dass er neben Schlagern, Marsch- und Volksliedern insgeheim auch amerikanische Jazz- und Swing-Musik duldete – wenngleich er sie in der 1938 gezeigten Ausstellung «Entartete Musik» massiv verunglimpfte. Schließlich wollte er *den berechtigten Forderungen unseres kämpfenden und arbeitenden Volkes auch in dieser Beziehung [der Jazzmusik] Rechnung tragen*[204], um es gerade während des Krieges bei Laune zu halten. Während er das Jazz-Verbot für den Rundfunk öffentlich verteidigte und die «Negermusik» *als eine talent- und einfallslose Spielerei mit Tönen*[205] bezeichnete, wurde sie doch von eigens gegründeten deutschen Tanzorchestern gespielt und über Platten und Konzerte für die Deutschen zugänglich. Wenn es um den Propagandaerfolg und den Rückhalt in der Bevölkerung für Hitlers Krieg ging, fielen bei Goebbels die ideologischen Grenzen relativ rasch.

Auch in der Bildenden Kunst war er zumindest anfangs nicht auf die NS-Kunstdoktrin festgelegt, allerdings nur, solange es sich um Werke von nichtjüdischen Künstlern handelte. Im Gegensatz zu vielen anderen Kulturfunktionären des NS-Staates hatte er sich schon früh für die expressionistischen Arbeiten Emil Noldes begeistert. Und wenn der Kunstgeschmack seiner autobiographischen Romanfigur *Michael* auch der seine war, dann schätzte er sogar den abstrakter malenden Vincent van Gogh, dessen Gemälde *eben nichts mit heroischen Gesten zu tun*[206] hätten. Auf Empfehlung Albert Speers schmückte er kurzfristig seine neue Dienstwohnung mit einem Aquarell von Nolde. Als Hitler bei einer Visite jedoch das Bild sah und missbilligte, ließ er es augenblicklich entfernen.

Allerdings dauerte es ein paar Jahre, bis Goebbels seinem relativ modernen Kunstgeschmack zugunsten der Propaganda abschwor. Bei der ersten Sitzung der Reichskammer der Bildenden Künste im Herbst 1933 schlug er verhältnismäßig moderate Töne an. Als er die Nationalsozialisten sogar *als die Träger der fortgeschrittensten Modernität, nicht nur im Politischen und Sozialen, sondern auch im Geistigen und Künstlerischen*[207], bezeichnete, machte er den Künstlern Hoffnungen auf freie ästhetische Entfaltung.

Zu diesem Zeitpunkt fand er auch öffentlich anerkennende Worte über den Expressionismus. Im Dezember 1933 gratulierte er Edvard Munch zum siebzigsten Geburtstag und tolerierte die von Mitarbeitern seines Ministeriums in Berlin eröffnete Ausstellung «Dreißig deutsche Künstler» mit Werken von Max Pechstein, Emil Nolde und Ernst Barlach. Auch schmückten die Bilder der später verfemten Künstler Franz Marc und Lyonel Feininger bis 1936 die moderne Abteilung der Berliner Nationalgalerie. Doch galt Goebbels der persönliche Kunstgeschmack wenig, wenn er Hitler missfiel und damit seiner Karriere schaden konnte.

Dass der naturalistische Postkartenillustrator Hitler die modernen Maler als «prähistorische Kultursteinzeitler und Kunststotterer» verhöhnte und lieber die deutschen Bauern, Soldaten und Frauen in heroischer Pose beim Pflügen, Kämpfen und Stillen porträtiert sehen wollte, war Goebbels durchaus bekannt. Allerdings bewiesen er und der Reichsbeauftragte für künstlerische Formgebung, Hans Schweitzer, bei der Auswahl der Kunstwerke für die «Große Deutsche Kunstausstellung» in München 1937 wenig Gespür für Hitlers konkrete Vorlieben. Nach der ersten Ausstellungsbegehung äußerte sich dieser entsetzt über die fehlende «Stilsicherheit» Schweitzers. Der um Anerkennung fürchtende Goebbels beließ es nicht beim angeordneten Austausch einiger Bilder, sondern initiierte parallel dazu die Ausstellung «Entartete Kunst». Diesmal wollte er Hitler *nicht enttäuschen*[208] und beweisen, dass er wusste, welche Künstler und Kunstwerke ihm missfielen.

Als der «Führer» ihn dazu ermächtigte, für die Ausstellung Gemälde von Oskar Kokoschka, Max Beckmann, Paul Klee und vielen anderen «Verfallskünstlern» in den Museen zu beschlagnahmen, war Goebbels beruhigt und ging drastischer als zuvor gegen die «undeutsche Kunst» vor. Die 1937 zuerst in München und dann in vielen anderen deutschen Städten zu besichtigende Bilderschau fiel dementsprechend radikal aus. Mit Überschriften wie «So schauten kranke Geister die Natur» oder «Jüdische Wüstensehnsucht macht sich Luft» gab Goebbels auch die Werke von Nolde dem allgemeinen Spott und Hass preis.

Seit Hitlers Tadel kannte Goebbels auch gegenüber Künstlern, die sich den Nationalsozialisten anbiederten, wie Pechstein oder Ernst Ludwig Kirchner, keine Gnade mehr. Ihnen legte Goebbels den Austritt aus der Preußischen Akademie der Künste ebenso nahe wie Nolde. Mit ihren und Tausenden anderer angeblich «jüdisch-bolschewistischen Machwerke» verfuhr Goebbels skrupellos. Während ein kleiner Teil der Kunstwerke über eine eigens von ihm ins Leben gerufene Kommission für viel Geld ins Ausland verkauft wurde, landete der «unverwertbare Rest» auf dem «Scheiterhaufen». Am 20. März 1939 verbrannten rund 5000 aus Privat- und Museumsbesitz stammende Ölgemälde, Aquarelle und Zeichnungen auf dem Hof der Berliner Zentralfeuerwehr, weil sie angeblich einen kriegswichtigen Getreidespeicher blockierten.

Goebbels forcierte die Vernichtung und Verbannung der

Eröffnung der Ausstellung «Entartete Kunst» in Berlin, 26. Februar 1938

modernen Malerei aber auch deshalb so gewissenlos, weil ihr jene breitenwirksame Suggestiv- und Strahlkraft fehlte, die den Kern seiner Propagandapolitik bildete. Das war einer der Gründe, wieso er Hitler und Adolf Ziegler, dem Präsidenten der Reichskunstkammer, dieses Feld kurz vor Beginn des Zweiten Weltkriegs nahezu kampflos überließ.

Kunst und Kultur waren für Goebbels niemals autonom. Als ihr «Schutzpatron» stellte er sie permanent in den Dienst der Politik, des eigenen Prestiges und der Propaganda. Sein kulturpolitisches «Talent» bestand nicht darin, Kunst zu bewahren oder zu schaffen, sondern sie zu verbieten, zu behindern oder zu zerstören. Goebbels' kulturpolitisches Credo von 1933 wirkt aus heutiger Sicht ebenso zynisch wie widersprüchlich: *Der neue Staat hat seine eigenen Gesetze. Ihm unterliegen alle, vom Ersten bis zum Letzten. Auch der Künstler hat die Pflicht, sie anzuerkennen und zur Richtschnur seines schöpferischen Handelns zu machen. Darüber hinaus aber ist er frei und ungebunden.*[209]

«Diese Judenpest muß ausradiert werden» – der Antisemit

Obwohl Goebbels wie kein zweiter Nazi-Führer judenfeindliche Parolen predigte, schwieg er sich wohlweislich über die angeblichen Vorzüge seiner eigenen «Rasse», des arischen «Herrenvolks», aus. Im Gegenteil, den *Unfug des Rasse-Materialismus, der nicht auf Haltung und Gesinnung, sondern auf Wasserstoff-Blond*[210] schaute, lehnte er ab. Vermutlich konnte er ihm deshalb nichts abgewinnen, weil er diesem stereotypen Bild selbst am wenigsten entsprach und genau wusste, dass er hinter vorgehaltener Hand als «Schrumpfgermane» tituliert wurde. In der NS-Führung fand er sich in bester Gesellschaft: Kaum einer aus ihren Reihen verkörperte auch nur im Entferntesten das Ideal des vielbeschworenen nordischen Menschen.

Welche Erfahrungen und Überlegungen machten Goebbels dann von einem allenfalls moderaten Antisemiten zu einem glühenden Judenfeind? Und welchen Einfluss hatte er als hochrangiger Nazi-Funktionär auf die Verfolgung und Vernichtung der europäischen Juden? Minderwertigkeitskomplexe, die Abfuhr durch den jüdischen Literaturprofessor Friedrich Gundolf oder die Ablehnung seiner Arbeiten bei den jüdischen Großverlagen Ullstein und Mosse scheinen als Auslöser seines radikalen Antisemitismus eher unwahrscheinlich. Denn wirklich schlechte Erfahrungen hatte er mit Juden privat nie gemacht. Im Gegenteil: Ein befreundeter jüdischer Anwalt seiner Eltern ermutigte ihn sogar bei den ersten literarischen Versuchen, die wie das 1918 entstandene Drama *Judas Iscariot* von einer eher judenfreundlichen Einstellung zeugten. Auch die Liebesbeziehung zu der «Halbjüdin» Else Janke bekam erst tiefere Risse, als er 1924 die antisemitischen Phrasen der Völkischen und der Nationalsozialisten immer mehr zu seinen eigenen machte.

Während seines Studiums distanzierte er sich noch vom aggressiven Antisemitismus in Deutschland und Europa. Gegenüber seiner Kommilitonin und Freundin Anka Stalherm äußerte er sich 1919 zu der in Akademikerkreisen weitverbreiteten Judenfeindschaft: *Du weißt ja, daß ich diesen übertriebenen Antisemitismus nicht besonders leiden mag. […] Ich kann ja auch nicht gerade sagen, daß die Juden meine besonderen Freunde wären, aber ich meine durch Schimpfen und Polemisieren oder gar durch Pogrome schafft man sie nicht aus der Welt, und wenn man das auf diese Weise könnte, dann wäre das sehr unedel und menschenunwürdig.*[211]

Von einer intensiven Auseinandersetzung mit antisemitischen Schriften oder Positionen kann bis zum Ende seines Studiums kaum die Rede sein. Auch danach setzte er sich mit den antisemitischen Gedanken etwa eines Oswald Spengler lediglich theoretisch auseinander. In einem literaturwissenschaftlichen Vortrag von 1922 sprach Goebbels deshalb noch von einer *geistigen Klärung der Judenfrage*[212]. Um sie für sich zu beantworten, setzte er sich bereits kurze Zeit später mit den antisemitischen Schriften des britischen Rassetheoretikers Houston Stewart Chamberlain auseinander, dessen Thesen seine eigenen judenfeindlichen Ressentiments pseudowissenschaftlich untermauern sollten.

So wurzelte Goebbels' Judenhass vielmehr in seiner persönlichen Krise, die eng mit der wirtschaftlichen und politischen dieser Jahre verknüpft war. Wie viele andere Deutsche gab auch er den Juden die Schuld an den unruhigen Zeiten, die ihn an der Verwirklichung seiner persönlichen Ambitionen hinderten. Prägend waren für ihn vor allem die Inflation von 1923 und deren Folgen. Hier festigte sich seine feindselige Haltung gegenüber dem Kapitalismus in Gestalt skrupelloser Börsengewinnler, zu denen er vor allem Juden zählte. Und vom antikapitalistischen zum antisemitischen Standpunkt führte im rechten politischen Spektrum kein allzu weiter Weg.

Goebbels suchte in seiner finanziellen Not und in seiner Orientierungslosigkeit ebenso sehr nach einer erlösenden Idee wie nach einem Sündenbock. Die Idee fand er 1924 im völkischen, später im nationalsozialistischen Gedankengut, den Sündenbock im «internationalen Judentum», das die deutsche Nation durch ihre kapitalistischen Vertreter wirtschaftlich und durch ihre bolschewistischen politisch zerstöre. Ob Versailler Vertrag, Reparationen oder Inflation: alle ökonomischen, sozialen oder

«Das Geld ist die Kraft des Bösen und der Jude sein Trabant. Arier, Semit, positiv, negativ, aufbauend, niederreißend. Der Jude hat die schicksalhafte Mission, die kranke arische Rasse wieder zu sich selbst zu bringen. Unser Heil oder unser Verderben. Das hängt von uns ab.»
Tagebuch, 6. August 1924

politischen Probleme lastete er dem parlamentarischen System und seinen angeblich jüdischen «Strippenziehern» an.

Antijüdische Hassgefühle bauten sich also bereits vor seinem Eintritt in die NSDAP auf. Sie steigerten sich zu regelrechten Gewaltphantasien, von denen er im Sommer 1924 in seinem Tagebuch berichtet. Allerdings schien er sich immer noch nicht ganz im Klaren darüber zu sein, wie er seinen Antisemitismus psychisch und intellektuell verarbeiten sollte: *Man kann als Mensch so schlecht aus seiner Haut heraus. Und jetzt ist meine Haut doch eine etwas einseitige antisemitische. Hoffentlich werde ich bald klar und gerecht.*[213] Mit Beginn seiner politischen Karriere verstummten die selbstkritischen Töne in den Aufzeichnungen zunehmend. Insbesondere sein neues Idol Hitler bestärkte und radikalisierte ihn in seiner judenfeindlichen Haltung. War sie bis dahin theoretisch und emotional motiviert, lebte er sie ab 1925 dann in seiner Agitation aus.

Mit Beginn seiner politischen Karriere setzte er den Antisemitismus auch ein, um seine persönliche Karriere und die machtpolitischen Ziele seiner Partei zu verwirklichen. Als Berliner Gauleiter und Reichspropagandachef der NSDAP war er skrupellos und nahm kein Blatt mehr vor den Mund. Antisemitische Provokationen aller Art betrachtete er bis zur Machtübernahme als hilfreiches Instrument, um Aufmerksamkeit, Wähler und Mitglieder zu gewinnen. Wenn es um die Diffamierung des tatsächlichen oder vermeintlichen Gegners ging, gehörten Verunglimpfungen wie *gemeine Judensau* zum Stammvokabular seiner Brandreden und seiner Hetzartikel im *Angriff*.

Wirkungsvoll, weil bei den Berlinern Aufsehen erregend, waren seine Hasstiraden gegen den Polizeivizepräsidenten Bernhard Weiß. Nachdem dieser im Mai 1927 die NSDAP in der Reichshauptstadt verboten hatte, schüttete Goebbels seinen ganzen Spott über *Isidor* aus, wie er seinen jüdischen Intimfeind immer wieder abschätzig, aber für die Bevölkerung einprägsam beschimpfte. Dabei zielten seine ehrabschneidenden Bosheiten zugleich auf die Republik von Weimar, die Weiß entschieden verteidigte. *Isidor ist das von Feigheit und Heuchelei entstellte Ponim der sogenannten Demokratie, die am 9. November leere Throne eroberte und heute über unseren Häuptern den Gummiknüppel der freiesten Republik schwingt*[214], glossierte er 1929 in seiner Hetzpostille.

Der Berliner Polizeivizepräsident Bernhard Weiß, um 1930

Goebbels beschränkte sich während der «Kampfzeit» aber nicht allein auf verbale Attacken und Verleumdungen, um bei tatsächlichen und potenziellen Anhängern zu punkten. Er initiierte auch bereits gewaltsame Protestversammlungen und Pogrome. Mit antikapitalistischen Parolen wie: *Das Warenhaus, der Bankpalast – beim Volk aber ist der Hunger zu Gast*[215] rief er am 4. Juni 1928 zum Boykott jüdischer Geschäfte auf. Goebbels schreckte nun auch vor physischer Gewalt nicht mehr zurück, wenn sie ihn und die Partei nur schnell genug bekannt machte.

Inzwischen hatte er sich nicht nur ein abstraktes jüdisches Feindbild, sondern auch echte jüdische Feinde geschaffen. Nicht wenige der von ihm provozierten Juden holten mit Verleumdungsklagen und Zeitungsartikeln zum Gegenschlag aus. Seine empfindlichen Reaktionen darauf zeigen, dass er hier mit zweierlei Maß operierte: *Die Hetze in der Presse ist auf das tiefste persönliche Niveau herabgesunken. Man muß sich am Ende dazu entschließen, eine solche Kreatur einfach abzuknallen*[216], beschimpfte er einen Redakteur, der sich über den jüdischen Stiefvater seiner Frau Magda lustig gemacht hatte.

Nach der Machtübernahme am 30. Januar 1933 konnte Goebbels seinen Antisemitismus ungestört verbreiten und schrittweise Taten folgen lassen. Als Reichspropagandaminister rechtfertigte er nicht nur die antijüdischen Maßnahmen der neuen Regierung, die von Berufsverboten über den Boykott bis zum Pogrom reichten, sondern regte selbst Gesetze und Verordnungen an, um die Juden zuerst aus ihren Berufen, dann von den Straßen und schließlich aus Deutschland zu vertreiben.

Um die aggressive Judenpolitik der Nationalsozialisten der deutschen und internationalen Öffentlichkeit zu erklären, stellte er die antijüdischen Gesetze und Gewaltexzesse quasi als Notwehrhandlung dar. Dazu verdrehte er – wie so oft – die Tatsachen und stilisierte den Aggressor zum Opfer. Mit dieser rhetorischen Taktik rechtfertigte er bis zum Kriegsende alle antijüdischen Ausschreitungen und Ausnahmeregelungen. Den Boykott jüdischer Kaufleute, Ärzte und Rechtsanwälte am 1. April 1933 etwa gab er frech als legale Reaktion auf die angebliche *Greuelpropaganda* ausländischer Juden gegenüber dem neuen Regime aus.

An den Reaktionen des In- und Auslands konnte Goebbels jedoch ablesen, dass solch spektakuläre Maßnahmen dem Regime spürbar schadeten, und er schwenkte – ganz Pragmatiker – auf einen weniger rüden Kurs um. Nur so wird seine Kritik an absoluten Fanatikern wie Julius Streicher verständlich, der in seinem Hetzblatt «Der Stürmer» am geschmacklosesten über die Juden herzog. *Viele unserer Leute gehen ja heute in der Judenfrage viel zu weit – daran sind diese Streicher und Konsorten schuld und auch Hitler selbst bis zu einem gewissen Grade, weil er diesen grauenhaften Kerl nicht kaltstellt, wie ich es schon oft verlangt habe*[217], klagte er. Innerlich fühlte sich Goebbels auch weiterhin einer schärferen Gangart verpflichtet, nur dass er bis zur Reichspogromnacht von 1938 verdecktere und flexiblere Methoden wählte, um die noch in Deutschland verbliebenen Juden zu demütigen und – wenn es in seiner unmittelbaren Macht lag – zur Auswanderung zu zwingen.

Im Kultur- und Medienbetrieb forcierte er die Ausgrenzung energisch. Vor allem mit Hilfe der 1935 erlassenen «Nürnberger Rassegesetze». Dabei war er jedoch keineswegs so erfolgreich, wie er es sich und anderen oft einredete. Zahlreiche Sondergenehmigungen zeigen, dass Goebbels um des kulturellen Prestiges und der künstlerischen Qualität willen auf einige, wenn auch wenige Juden nicht verzichten wollte. Gleichwohl behauptete er 1938 in einer Rede: *Wir haben die Juden entfernt, das deutsche Kulturleben von ihnen gereinigt. Damit ist nicht ein Niederbruch des kulturellen Lebens, sondern selbstverständlich eine Blüte der deutschen Kultur verbunden gewesen.*[218]

Bei all diesen Maßnahmen folgte Goebbels nicht allein ideologischen Überzeugungen. Denn seine Karriere zu fördern, indem er Hitlers antisemitischen Plänen genügte, zählte für Goebbels ebenso viel wie die Verwirklichung einer «judenreinen Volksgemeinschaft» und Kultur. Je mehr sich das Regime durch außen- und wirtschaftspolitische Erfolge gefestigt sah, desto unverhüllter steuerte Goebbels mit Hitlers Zustimmung einen Konfrontationskurs. Mit den großen antijüdischen Ausstellungen «Entartete Kunst» und «Entartete Musik» im Jahr 1937 wollte er einerseits Hitlers Aufmerksamkeit und Gunst gewinnen, andererseits aber auch die Bevölkerung auf wesentlich drastischere Aktionen einstimmen.

Denn nicht nur Medien und Kultur sollten nach Goebbels' Willen von Juden «gereinigt» sein, sondern auch die Reichshauptstadt. So schlug er als amtierender Gauleiter von Berlin vor, jüdische Geschäfte eindeutig als solche zu kennzeichnen und Juden nur eigens ausgewiesene Schwimmbäder, Kinos und Gaststätten zugänglich zu machen. Solch einen Alleingang in der größten Stadt des Deutschen Reichs hielt das Judenreferat des Sicherheitsdienstes noch für verfrüht und legte seine vorauseilenden Vorschläge erst einmal auf Eis.

Bald schon suchte sich Goebbels andere Ventile, um seinem Judenhass Luft zu machen. So verwandelte er die reichsweit gegen Kriminelle initiierte «Asozialen-Aktion» in Berlin kurzerhand in ein Judenpogrom. *Vor 300 Polizeioffizieren in Berlin über Judenfrage gesprochen. Ich putsche richtig auf. Gegen jede Sentimentalität. Nicht Gesetz ist die Parole, sondern Schikane. Die Juden müssen aus Berlin heraus. Die Polizei muß mir dabei helfen*[219], spornte er sich im Juni 1938 an.

Die Razzien zogen sich eine Woche lang hin, jüdische Geschäfte wurden beschmiert und demoliert, über achthundert Juden nahm die Polizei fest. Den außenpolitischen Imageschaden dieser von ihm umfunktionierten Aktion spielte er gleichwohl herunter. Hitlers nachträgliche Rückendeckung bestärkte ihn vielmehr darin, die Ausgrenzung der Juden noch vehementer voranzutreiben. Insofern stellten die Berliner Ausschreitungen im Sommer nur ein Vorspiel für die Reichspogromnacht im Herbst dar.

Um die antisemitische Gewaltorgie in der Nacht vom 9. zum 10. November 1938 auszulösen respektive sie zu rechtfertigen,

Zerstörtes und geplündertes Geschäft in Berlin,
10. November 1938

bedurfte es allerdings eines konkreten Anlasses. Den lieferte Goebbels der polnische Jude Herschel Grynszpan, der am 7. November den deutschen Legationssekretär in Paris, Ernst vom Rath, angeschossen hatte. Damit wollte er die Ausweisung seiner Eltern nach Polen rächen. Als Goebbels davon erfuhr, nutzte er die Gunst der Stunde und schlachtete das Attentat sofort propagandistisch und politisch aus. Gewaltsame Demonstrationen von Parteimitgliedern hatten in ganz Deutschland die antijüdische Stimmung bereits entfacht. Und als vom Rath am 9. November seinen schweren Verletzungen erlag, erhielt Goebbels nach eigenen Aussagen von Hitler die Blankovollmacht, den *Volkszorn* weiter anzuheizen.

Auch wenn bis heute nicht eindeutig belegt werden kann, ob allein Goebbels die Reichspogromnacht organisiert und in Gang gehalten hat, ist eines klar: Er hat die Zerstörung jüdischer Gotteshäuser und Geschäfte, aber auch die Misshandlungen mit Schadenfreude beobachtet, geduldet und forciert. *In Berlin brennen 5, dann 15 Synagogen ab. Jetzt rast der Volkszorn. Man kann für die Nacht nichts mehr dagegen machen. Und ich will auch nichts machen. Laß es laufen*[220], schrieb er am 10. November in sein Tagebuch.

Allerdings raste die Wut der fanatisierten Parteimitglieder und ihrer Sympathisanten so heftig, dass Goebbels sich in der Öffentlichkeit um Schadensbegrenzung bemühen musste. Zwar befürwortete er nach wie vor die Ausschreitungen, verbot aber aus taktischen Gründen bereits geplante antijüdische Demonstrationen. All seine Beschwichtigungsformeln änderten freilich nichts am entsetzten Echo des Auslands auf die Exzesse. Die heftige innerparteiliche Kritik an Goebbels' antijüdischer Propagandataktik konnte nicht darüber hinwegtäuschen, dass die NS-Führung längst schon schärfere Maßnahmen zur weiteren Ausgrenzung und Vertreibung der Juden plante.

Das auf der «Vor-Wannseekonferenz» am 12. November 1938 formulierte «Gesetz zum Schutze der deutschen Rasse» enthielt auch einige Vorschläge des Berliner Gauleiters. Dazu gehörte jener, Juden den Kino- und Theaterbesuch endgültig zu untersagen. Auch wenn die allermeisten seiner Forderungen, wie die nach einem Zutrittsverbot zum deutschen Wald, im Reichsgesetzblatt nicht auftauchten, so wurde die Entrechtung und Enteignung der Juden von der nationalsozialistischen Führung immer radikaler vorangetrieben. Bald durften sie keine Rundfunkgeräte mehr besitzen oder konnten von ihren Vermietern grundlos gekündigt und in reine «Judenhäuser» verwiesen werden. Goebbels verteidigte diese Schritte nicht nur, sondern kommentierte die damit intendierte Vertreibung der Juden ebenso unverblümt wie zynisch: *Wir wünschen, daß die Welt so judenfreundlich wird, daß sie uns unsere deutschen Juden abnimmt.*[221]

Mit Ausbruch des Krieges nahm die NS-Judenpolitik immer drastischere Formen an. Die nach dem Überfall auf Polen im September 1939 von der SS und dem SD errichteten Ghettos und Konzentrationslager bildeten die Ausgangspunkte zur Deportation der Juden aus Deutschland und ihrer späteren Vernichtung. Auch Goebbels wird in seinen Aufzeichnungen, Anweisungen und Reden nun immer radikaler. Als er im November das Ghetto in Lodz besuchte, um den Hauptschauplatz seines Hetzfilms «Der ewige Jude» zu inspizieren, wurde er sehr deutlich: *Fahrt durch das Ghetto. Wir steigen aus und besichtigen alles eingehend. Das sind keine*

Goebbels vor dem Reichspropagandaamt in Lodz, Ende Oktober/Anfang November 1939. Ganz links: Hans Fritzsche, Leiter der Abteilung Rundfunk im Propagandaministerium

Menschen mehr, das sind Tiere. Das ist deshalb auch keine humanitäre, sondern eine chirurgische Aufgabe. Man muß hier Schnitte tun, und zwar ganz radikale. Sonst geht Europa an der jüdischen Krankheit zugrunde.[222]

Goebbels vermied es jedoch, dem Grauen in den Konzentrationslagern und hinter den Frontlinien vor Ort ins Gesicht zu sehen. Von den Zuständen in den KZs erfuhr er aus Berichten, von innen hat er nach heutiger Quellenlage nie eines gesehen. Auch seinen Mitarbeitern untersagte er ausdrücklich, Exekutionen an Juden beizuwohnen – weder bei ihnen noch bei ihm selbst sollten moralische Skrupel aufkommen. Die räumliche Distanz und die Anonymität der Opfer erleichterten es ihm, die systematische Judenvernichtung vor sich selbst und der Öffentlichkeit zu rechtfertigen. Spätestens seit 1941 war Goebbels über die Massenerschießungen an der Ostfront informiert und billigte sie in seinen Tagebüchern mit Bewunderung für die Skrupellosigkeit der Täter, die ihren Opfern in die Augen schauen mussten.

Als Berliner Gauleiter tat er das seine, um die Juden der Reichshauptstadt in den Osten und damit in den sicheren Tod abzuschieben. Auf sein hartnäckiges Drängen hin und in Absprache mit Hitler verließen im Herbst 1941 die ersten Züge Berlin in Richtung Lodz. Bis Kriegsende veranlasste Goebbels, dass etwa 60 000 Berliner Juden in die osteuropäischen Ghettos und KZs abtransportiert wurden. Er befriedigte mit diesen Aktionen nicht nur seinen Judenhass, sondern sah sich vermutlich auch in direkter Konkurrenz zu anderen Gauleitern, wie etwa Baldur von Schirach, der mit seinen Wiener Deportationsstatistiken prahlte. Der Berliner Parteichef wollte dem in nichts nachstehen und kommentierte 1943 seinen Anteil an der Judenvernichtung voller Stolz: *Ich bin der Überzeugung, daß ich mit der Befreiung Berlins von den Juden eine meiner größten politischen Leistungen vollbrachte.*[223] Zweifellos beschleunigte dieser perverse Wettstreit die Radikalisierung der NS-Judenpolitik.

Die Hauptaufgabe für Goebbels bestand weiterhin darin, diese Politik zu verteidigen. Sie eskalierte mit Beginn des Russlandfeldzugs im Sommer 1941 zunehmend, und spätestens mit der Wannseekonferenz 1942 war die «Endlösung der Judenfrage» beschlossene Sache. Freilich verlor Goebbels nie ein Wort über Exe-

Auf der Wannseekonferenz am 20. Januar 1942 beschließen und koordinieren hochrangige NS-Funktionäre die endgültige Deportation der europäischen Juden in die Vernichtungslager.

kutionen und Gaskammern, sondern hämmerte sich und der Bevölkerung stattdessen ein, dass die Juden den Krieg angezettelt hätten, die Alliierten ihnen hörig seien und Deutschland sich in einem historischen Abwehrkampf befinde, der über Leben und Tod des eigenen Volkes entscheide.

Alles, was den Juden wiederfahre, sei also ihre eigene Schuld, wurde Goebbels nicht müde zu behaupten. *An den Juden wird ein Strafgericht vollzogen, das zwar barbarisch ist, das sie aber völlig verdient haben. Die Prophezeiung, die der Führer ihnen für die Herbeiführung eines neuen Weltkriegs mit auf den Weg gegeben hat, beginnt sich in der furchtbarsten Weise zu verwirklichen. Man darf in diesen Dingen keine Sentimentalität walten lassen. Die Juden würden, wenn wir uns ihrer nicht erwehren würden, uns vernichten. Es ist ein Kampf um Leben und Tod zwischen der arischen Rasse und dem jüdischen Bazillus. Keine andere Regierung und kein anderes Regime könnte die Kraft aufbringen, diese Frage generell zu lösen*[224], rechtfertigte er sich im März 1942 in seinem Tagebuch – just in dem Monat, als in Auschwitz die systematische Judenvernichtung begann.

Selbst noch im Angesicht der drohenden Niederlage hielt Goebbels an diesen Prinzipien fest. In der bekannten Sportpalastrede vom Februar 1943 bekräftigte er: *Wenn das feindliche Ausland gegen unsere antijüdische Politik scheinheilig Protest erhebt und über unsere Maßnahmen gegen das Judentum heuchlerische Krokodilstränen vergießt, so kann uns nichts daran hindern, das Notwendigste zu tun. Deutschland jedenfalls hat nicht die Absicht, sich dieser jüdischen Bedrohung zu beugen, sondern vielmehr, ihr rechtzeitig, wenn nötig unter vollkommener und radikalster Ausrott-, -schaltung des Judentums entgegenzutreten!*[225] Der in der öffentlichen Rundfunkübertragung deutlich hörbare Versprecher offenbarte die Verbrechen des Regimes – Verbrechen, die viele Deutsche bereits schon geahnt oder von denen sie in Briefen und Erzählungen ihrer Angehörigen an der Front gehört hatten.

Wenn Goebbels angesichts des brutalen Genozids irgendwelche Zweifel kamen, entlastete er sich immer wieder mit dem Gedanken an eine historische Mission: *Spätere Geschlechter werden sich sicherlich nicht mehr mit dem Mut und mit der Besessenheit an dieses Problem heranwagen, wie wir das tun können.*[226]

Als Goebbels diese Gedanken im Herbst 1943 in seinem Tagebuch notierte, schätzte er die militärische Lage Deutschlands weitaus düsterer ein als Hitler. In seiner Propaganda erhielt die Mär von der angeblichen «Verschwörung des internationalen Judentums» gegen das nationalsozialistische Deutschland immer größeres Gewicht. Offenbar glaubte er, dass das Wissen um den Holocaust weit genug verbreitet war, um die Menschen die Rache der Kriegsgegner fürchten zu lassen. *Vor allem in der Judenfrage sind wir ja so festgelegt, daß es für uns gar kein Entrinnen mehr gibt. Und das ist auch gut so. Eine Bewegung und ein Volk, die die Brücken hinter sich abgebrochen haben, kämpfen erfahrungsgemäß viel vorbehaltloser, als die, die noch eine Rückzugsmöglichkeit besitzen*[227], schrieb er, wenige Monate nachdem Generalfeldmarschall Friedrich Paulus in Stalingrad kapituliert hatte.

«Zu Tausenden sind sie niedergeschossen worden und werden jetzt noch zu Hunderten füsiliert. [. . .] Die Juden sind die Läuse der zivilisierten Menschheit. Man muß sie irgendwie ausrotten.»
Tagebuch, 2. November 1941

Während er den Deutschen die Vernichtungsaktionen im Detail weiterhin verschwieg, schlachtete er die Verbrechen der Gegner gnadenlos aus. So machte er für die Ermordung von über 4000 Gefangenen im polnischen Katyn nicht allein die Sowjetunion, sondern auch die Juden verantwortlich. Damit schürte Goebbels bei den Deutschen die Furcht vor der Rache der Alliierten und der Juden, die sie beim Einmarsch fremder Truppen ins Reich zu erwarten hätten. Einerseits instrumentalisierte er diese antisemitische Kriegspropaganda, um den Widerstandswillen der Deutschen zu mobilisieren. Andererseits glaubte er bis zum Schluss an diese kruden Verschwörungstheorien.

Selbst als die Russen unmittelbar vor den Toren Berlins standen, rechtfertigte er die Judenvernichtung vor sich und seinem Adjutanten Wilfred von Oven: *Sollten wir diesen Krieg verlieren, dann werden sich unsere KZs als eine Eiterbeule erweisen, deren giftiger Ausfluß das Leben in Deutschland noch lange verpesten wird. Stellen Sie sich bloß vor, daß die Lager in ihrem heutigen Zustand von den Feinden vorgefunden werden! Welches Geschrei wird man erheben! Dann wird auch im eigenen Volk niemand mehr von den Vorteilen sprechen, die die*

Gesamtheit des deutschen Volkes dadurch hatte. […] Dann werden sie alle auf die bestialischen Nazis zeigen und nicht daran denken, daß all diese Scheußlichkeiten eben kriegsbedingt und praktisch unabänderlich und der Preis für ihre Ruhe waren.[228]

Goebbels' Antisemitismus speiste sich aus Affekten und Überzeugungen, die er ebenso wie die NS-Ideologie taktisch und pragmatisch und zum jeweils gebotenen Vorteil des Regimes einsetzte. Er war ein «rationaler Antisemit» mit irrationalem Sendungsbewusstsein.

«Über mir und den Frauen hängt ein Fluch» – der Verführer

Hitler umarmt mich, als er mich sieht. Er sagt mir viel Lob. Ich glaube, er hat mich wie Keinen in sein Herz geschlossen. [...] Adolf Hitler, ich liebe Dich, weil Du groß und einfach zugleich bist[229], bekannte er nach einem Zusammentreffen mit Hitler im April 1926. Freilich verbargen sich hinter diesen überschwänglichen Worten keine homoerotischen Bekenntnisse. Solch intime Notizen sind ein deutliches Zeichen für Goebbels' lebenslange Suche und Sucht nach Anerkennung, Liebe und Erlösung. Bei seinem Idol befriedigte er diese Bedürfnisse auf politischer und pseudoreligiöser Ebene. Auf sexueller und seelischer Ebene stillte er dieses Verlangen bei einer Vielzahl von ihm ebenso begehrter wie benutzter Frauen.

Von ihrer Liebe, ihrer Bewunderung, ihrem Verständnis und ihren körperlichen Reizen war er nicht nur als «Erotomane» (Heiber), sondern auch als Politiker abhängig. Die wechselvollen Beziehungen zum anderen Geschlecht stärkten oder schwächten nicht nur sein Selbstwertgefühl, sondern entschieden oft auch über die Richtung seiner politischen Karriere und den Charakter seines politischen Denkens.

In Goebbels' Liebesleben gab es zwar unzählige Affären und Amouren, doch nur vier wirklich ernsthafte Beziehungen – alle zu ebenso attraktiven wie intelligenten Frauen. Ihnen gegenüber zeigte sich Goebbels als narzisstischer Liebhaber, der fortwährend seine Männlichkeit beweisen und seine Schwächen kompensieren wollte. Seine Stimme, sein Charme, seine Eloquenz und später natürlich seine politische Macht ließen viele Frauen über seinen «Hinkefuß» und seine schmächtige Statur hinwegsehen.

Auch seine erste und nach eigenen Aussagen vielleicht einzige große Liebe, Anka Stalherm, war von Goebbels' Ausstrahlung angetan. Als Student lernte er die zweiundzwanzigjährige Kommilitonin aus gutem und wohlhabendem Hause im Sommer 1918 an der Freiburger Universität kennen und kurz darauf lieben.

Anka Stalherm, um 1919

Über sie kam er erstmals in Kontakt mit dem Besitz- und Bildungsbürgertum, von dem er sich sein Leben lang ausgegrenzt und bedroht fühlen sollte. So profitierte Goebbels von dieser Beziehung und litt zugleich unter ihr. Ohne Zweifel war er stolz, dass ihn eine attraktive Frau aus diesen Kreisen wirklich zu lieben schien. Andererseits konnte es der mittellose Student nur schwer verkraften, sich von seiner begüterten Freundin aushalten und von ihren Eltern als «Taugenichts» beschimpfen zu lassen.

In einem seiner zahlreichen Briefe beklagte er sich offen über sein *unwürdiges Abhängigkeitsverhältnis, geistig sowohl als materiell*[230]. Trotzdem beichtete er ihr auch weiterhin all seine Sorgen und politisch extremen Gedanken, an denen die Beziehung nach gut zwei Jahren schließlich zerbrach. *Du sagst, die alte besitzende Klasse habe sich ihr Besitztum in schwerer Arbeit errungen. Zugegeben, daß dies in vielen Fällen wahr ist. Weißt Du aber auch, wie der Arbeiter zu der Zeit lebte, als der Kapitalismus sein Besitztum errang?*[231], klagte er sie etwa wegen ihrer sozialen Herkunft an.

Nicht allein die gesellschaftlichen und ökonomischen Barrieren verhinderten eine dauerhafte Beziehung. Es war auch Goebbels' zwischen Leidenschaft und Agonie schwankendes Gemüt. Als Anka Stalherm nach quälenden Aussprachen und wegen einer neuen Bekanntschaft im Winter 1920/21 einen Schlussstrich unter die gemeinsame Beziehung zog, suhlte sich der vermeintlich Gedemütigte in Selbstmitleid und Vorwürfen. Schließlich drohte er sogar mit Selbstmord. Noch Jahre später verübelte er ihr die Trennung, bezeichnete sie in seinem Tagebuch als *Anka die Mörderin*[232]. Nachdem er 1933 die Karriereleiter hinaufgefallen war und der Ex-Freundin eine Stelle als Redakteurin bei der Zeitschrift «Die Dame» vermittelt hatte, bemerkte er mit hämischer Freude: *Wie dumm sie war! Heute wäre sie die Frau des Propagandaministers. Wie sie sich ärgern muß.*[233]

Stimmungsschwankungen belasteten auch das knapp fünf Jahre währende Verhältnis zu seiner nächsten Freundin Else Janke. Schon bald nach seiner Promotion spielte er bei der Realschullehrerin aus dem heimatlichen Rheydt seinen Charme erfolgreich aus. Solange es um seine berufliche und politische Zukunft schlecht bestellt war, klammerte er sich in seiner seelischen Not an die verständnisvolle Partnerin aus gutbürgerlichen Kreisen. Sie war ihm *Freund* und Objekt sexueller Begierde. *Else ist mein Kamerad. Fast wie ein Junge. Nur dann und wann der Eros.*[234] Letzteres bedeutete ihm jedoch mehr, als er sich zunächst eingestand. Wenig später vertraute er seinem Tagebuch an: *Else zum Schäferstündchen bereit. […] Eine geheimnisvolle Macht zieht die liebenden Körper aneinander und ineinander. Man vergißt Welt und Qual. Augenblicke völligen Vergessens. Man durcheilt Ewigkeiten. Glut, Jubel, Wahnsinn.*[235]

«Mein Eros ist krank. Ich darf gar nicht dran denken. In der Liebe sind wir Menschen doch allerschädlichste Egoisten. Für den Phallus opfert man Hekatomben von unsterblichen Seelen.»
Tagebuch, 28. Juli 1924

Ebenso wie Anka befriedigte Else nicht nur seine sexuellen, sondern auch seine seelischen und finanziellen Bedürfnisse. Sie kam für die gemeinsamen Urlaubsreisen nach Baltrum auf, sie vermittelte ihm 1923 den ungeliebten, aber notwendigen Job bei der Dresdner Bank in Köln, und sie spendete ihm immer wieder Zuversicht in depressiven Phasen. Er wusste ihre bedingungslose Liebe und Geduld durchaus zu schätzen. Mittlerweile war er auch bereit, sie für andere, ihm wichtigere Dinge zu opfern. *Else lieb und*

Else Janke

gut. Wie eine Frau und Geliebte. Betthäschen? Nein, doch einiges mehr. Ich bin den Frauen gegenüber ein heilloser Egoist. Ich gebe? Nein, ich nehme, soviel, wie ich nehmen kann. Ich muß manchmal an die ausgepreßte Zitrone denken[236], gesteht er sich im Juli 1924 ein, kurz nachdem er Fühlung mit der völkischen und nationalsozialistischen Bewegung aufgenommen hatte.

Beim Start seiner Politkarriere fühlte er sich immer selbstbewusster und nahm plötzlich Anstoß daran, dass Else als Tochter einer jüdischen Mutter und eines christlichen Vaters gemäß den rassischen Kriterien der Nationalsozialisten eine Halbjüdin war. Seit 1925 suchte Goebbels sein «Heil» nicht mehr bei der Geliebten, sondern in der NS-Bewegung. Vor allem bei Hitler, für den er seine Verlobte trotz manches überschwänglichen Liebesschwurs letztlich opferte. *Wir können uns nicht einmal mehr Kameraden sein. Zwischen uns steht eine Welt*[237], vermerkte er kurz vor der qualvollen Trennung im Herbst 1926.

Die beiden trennte nicht nur Hitler und der Antisemitismus, sondern auch Goebbels' krankhafter Egoismus und Eros. Noch als er mit Else zusammen war, gestand er: *Jedes Weib reizt mich bis aufs*

Blut. Wie ein hungriger Wolf rase ich umher. Und dabei bin ich schüchtern wie ein Kind. Ich verstehe mich manchmal selbst kaum. Ich müßte heiraten und ein Spießer sein! Und mich dann nach acht Tagen aufhängen! [238] Weder seinen Macht- noch seinen Liebestrieb sollte er je in den Griff bekommen, und nicht selten gerieten diese Instinkte auch miteinander in Konflikt.

Als der nunmehr ungebundene Goebbels im November 1926 seinen Gauleiterposten in Berlin antrat, konnte er beide Triebe ungehindert ausleben. Nach mehreren flüchtigen Affären, die er nicht zuletzt seiner Ausstrahlung als leidenschaftlicher Redner verdankte, wies ihm die Liebe zu Magda Quandt doch noch den Weg zum «Spießertum», sprich: in den Hafen der Ehe. Die sprachbegabte und äußerst attraktive Frau Ende zwanzig stammte aus gutbürgerlichen Verhältnissen und war in einem Mädcheninternat erzogen worden. Seit jeher bewegte sie sich in höheren Gesellschaftsschichten.

Als sie Goebbels Ende 1930 kennenlernte, war sie bereits zwei Jahre von dem Großindustriellen Günther Quandt geschieden, pflegte aber dank seiner üppigen Apanage weiterhin einen großbürgerlichen Lebensstil. Dass die gepflegte Dame von Welt sich überhaupt in den Dunstkreis der Nazis begab, wird von ihren Biographen vielfach mit ihrer Langeweile, ihrer Suche nach einer «sinnvollen» Aufgabe und einem ebenso charismatischen wie einflussreichen Lebenspartner begründet.[239]

Wohl auf die Empfehlung eines nationalsozialistisch angehauchten Freundes hin nahm sie im Sommer 1930 an einer der lärmenden und rauchgeschwängerten Versammlungen der NSDAP im Berliner Sportpalast teil. Die Frau, die sonst nur Operninszenierungen und Abendgesellschaften besuchte, war vor allen Dingen von Goebbels' Stimmgewalt und Überzeugungskraft fasziniert. Deshalb suchte sie schon bald die Nähe zur Partei und heuerte im November 1930 bei Goebbels' Stellvertreter ehrenamtlich als Sekretärin an.

Als Goebbels ihr wenig später in der Gau-Geschäftsstelle begegnete, warb er sie seinem Parteikollegen kurzerhand als neue Arbeitskraft ab. Alsbald überließ er ihr die Verwaltung seiner geheimen Dossiers über Parteifreunde und -feinde und machte sie quasi über Nacht zu seiner engsten politischen Vertrauten. *Eine schöne Frau mit Namen Quandt macht mir ein neues Privatarchiv*[240], bemerkte er anfangs noch lapidar über die spätere Mutter seiner sechs Kinder.

Fortan teilte sie mit ihm das Büro, wo sie nicht nur Zeugin seiner politischen Tricks und Machenschaften, sondern bald auch schon Objekt seines Werbens wurde. Goebbels musste seinen Charme nicht allzu lange spielen lassen, da Magda vom großspurigen Redner ebenso wie von der nationalsozialistischen Sache begeistert war. Im Februar 1931 schienen sich beide wohl nähergekommen zu sein. *Abends kommt Magda Quandt. Und bleibt sehr lange. Und blüht auf in einer berückenden blonden Süßigkeit. Wie bist Du meine Königin? [...] Eine schöne, schöne Frau! Die ich wohl sehr lieben werde. Heute gehe ich fast wie im Traum. So voll von gesättigtem Glück. Es ist doch herrlich, eine schöne Frau zu lieben und von ihr geliebt zu sein*[241], notierte er in bekannt schwärmerischem Tonfall.

Goebbels befriedigte nicht nur seinen «Jagdinstinkt». Mit der überzeugten und äußerst repräsentativen Nationalsozialistin an seiner Seite ließ sich langfristig auch politisch punkten. Bald konnte er sich in Kreisen sehen lassen, die ihm nicht zuletzt wegen seiner antibürgerlichen Hetze verschlossen geblieben waren. Zunächst arbeitete er jedoch daran, sich und sie zu einem unschlagbaren Team zu formen. *Ich habe sie sehr gern. Vor allem auch, weil sie so vernünftig ist. Sie hat einen klugen, aufs Reale eingestellten Lebenssinn und dabei ein großzügiges Denken und Handeln. Noch etwas Erziehung an mir und an ihr, dann passen wir fabelhaft zusammen. Ich werde die Frauengeschichten lassen und mich einer einzigen ganz zuneigen.*[242] Beschrieb er den Charakter seiner zukünftigen Gattin im März 1931 recht zutreffend, so machte er sich über sein Treueversprechen doch große Illusionen.

Dass Hitler von Magdas «arischer» Schönheit, mondäner Eleganz und ergebener Bewunderung angetan war, schmeichelte Goebbels' Eitelkeit. Darüber hinaus festigte es das Band zu seinem angebeteten «Führer», der die Heirat nicht nur befürwortete, sondern ihr im Dezember 1931 auch als Trauzeuge beiwohnte. Magda spielte in Goebbels' politischer Karriere fortan eine nicht zu unterschätzende Rolle, im Guten wie im Schlechten. Da sich Hitler gern von Magda bemuttern, bewundern und bekochen ließ, kam Goebbels nun auch privat immer häufiger und enger in Kontakt mit seinem Idol. Das stärkte seine Position gegenüber der ihm meist misstrauisch und zuweilen feindlich eingestellten NS-Führungsriege.

In den ersten Ehejahren hielten sich Goebbels' Zuneigung und Opportunismus noch die Waage. Als Ehemann profitierte er von Magdas mütterlichen Qualitäten, als Propagandaminister von ihrer ebenso souveränen wie charmanten Erscheinung auf Staatsbanketten und anderen öffentlichen Veranstaltungen. Sie feuerte seinen politischen Ehrgeiz an, sonnte sich aber auch gern in der Rolle der heimlichen «First Lady» und der Vorzeigemutter des Dritten Reichs. Dieses Selbstverständnis kam Goebbels' gesellschaftlichem Ansehen zugute und deckte sich mit seinem traditionellen Rollenverständnis, nach dem eine Frau *schön zu sein und Kinder zur Welt zu bringen* habe[243].

Familie Goebbels, 1942. Vordere Reihe v. l.: Helmut, Holde, Magda Goebbels, Heide, Joseph Goebbels, Hedda; dahinter: Helga , Harald Quandt (Magdas Sohn aus erster Ehe mit dem Industriellen Günther Quandt), Hilde

Dieses nationalsozialistische Diktum galt natürlich für alle deutschen Frauen, in besonderer Weise jedoch für Magda. Allerdings entwickelte sie bald schon eigene politische und berufliche Ambitionen. Als Magda ein Modezentrum eröffnen wollte, hatte ihr Ehemann große Mühe, sie davon abzubringen und wieder auf ihre rein repräsentativen Aufgaben zu verpflichten. Trotz des auch von Hitler unterstützten Dämpfers erfüllte sie ihre Pflichten weiterhin mit Bravour, gebar ihm insgesamt sechs Kinder und bewahrte in der Öffentlichkeit die Contenance, als sich seine flüchtigen Affären wieder zu häufen begannen.

Goebbels nutzte seine Macht und fast jede Gelegenheit, sich mit neuen Mätressen zu umgeben. Wenn er der Musterfamilie und der Monogamie überdrüssig wurde, tröstete er sich vielfach mit Schauspielerinnen, die sich von einer Nacht mit ihm einen Karriereschub erhofften. Der mächtige Minister nutzte diese Hoffnungen schamlos aus und bestellte sich regelmäßig attraktive Nachwuchskünstlerinnen in seine Dienstgemächer. Nicht ohne Grund war er in den Potsdamer UFA-Studios als «Bock von Babelsberg» verschrien.

Selbstverständlich belasteten die spätestens seit 1936 kaum mehr verhüllten Affären sein Verhältnis zu Magda, die er immer weniger begehrte und meist nur noch als Mutter seiner Kinder und als «Landesmutter» zu schätzen wusste. Seit er als Propagandaminister fest im Sessel saß, glaubte er auch emotional nicht mehr von ihr abhängig zu sein. Ihre Beziehung ersetzte längst nicht mehr seine fehlenden Männerfreundschaften, und politische Pläne wie Sorgen vertraute er lieber seinem Tagebuch an.

Wegen seiner Seitensprünge kam es nun in regelmäßigen Abständen zu *Krach mit Magda*[244], und oft genug fand er seine Ehe *zum Kotzen*[245]. Obwohl er unentwegt fremdging, wunderte er sich, dass sich seine betrogene und vernachlässigte Frau *manchmal sehr weit von ihm entfernt*[246] habe. Er war fest davon überzeugt, sich als Mann erlauben zu können, was sich aus seiner Sicht für verheiratete Frauen moralisch verbot. Zumindest verbot es sich für all jene Frauen, mit denen er kein Verhältnis einging.

Eine Scheidung konnte sich Goebbels jedoch politisch niemals leisten. Aber auch Magda wollte ihre Rolle als erste Dame des Reichs weiterspielen und ihr Leben im Luxus und in der Öffentlichkeit nicht missen. So kam es nach teilweise sehr heftigen Auseinandersetzungen immer wieder zu kurzfristigen Versöhnungsszenen, die zeigten, wie sehr das Schicksal des einen vom anderen abhing. Aus diesem labilen Gleichgewicht geriet die Ehe jedoch, als Goebbels sich 1936 in die tschechische Schauspielerin Lida Baarova verliebte und für diese Beziehung kurzzeitig sogar seinen Posten als Propagandaminister aufs Spiel zu setzen bereit war.

Der «Filmminister» (Moeller) hatte die slawische Schönheit schon 1934 bei den Dreharbeiten zu ihrem Film «Bacarole» kennen und schätzen gelernt. Doch erst als sie auf der Havelinsel Schwanenwerder, wo Goebbels seit 1934 eine Villa besaß, seine Nachbarin wurde, warf er der Zweiundzwanzigjährigen immer begierigere Blicke zu. Er lud sie fortan zu Parteitagen, Festen und schließlich zu gemeinsamen Ausflugsfahrten und Schäferstündchen in seinem 1936 erworbenen Landsitz am nahe gelegenen Bogensee ein.

Lida Baarova, 1937

Es dauerte nicht lange, bis sie Goebbels' eindeutigen Avancen erlag und aus ihnen einen Paar wurde. Ohne Rücksicht auf Magdas Gefühle und seinen eigenen Ruf zeigte er sich mit ihr in der Oper und bei Filmpremieren. Da das Verhältnis ein offenes Geheimnis war, flirtete er auch vor den Augen Magdas und gemeinsamen Gästen mit seiner *Liduschka.* Zu diesem Zeitpunkt erwog er sogar eine offene, von Magda freilich zu duldende Dreierbeziehung – wollte er doch die treu sorgende Ehefrau aus politischen und die rassige Filmschönheit aus emotionalen Gründen nicht verlieren.

Doch Goebbels' Liebesgleichung ging nicht auf. Karl Hanke, sein persönlicher Adjutant und heimlicher Konkurrent im Ministerium, goss zusätzlich Öl ins Feuer: Er hatte hinter Goebbels' Rücken eine Liste mit dessen Affären zusammengestellt und Magda zugesteckt. Als sie sich deswegen im Sommer 1938 Hitler anvertraute und von Trennung sprach, spielte sie gegenüber dem untreuen Gatten die letzte Trumpfkarte aus. Selbstverständlich billigte Hitler die Scheidung schon aus politischen Gründen nicht. Er befahl Goebbels, sich unverzüglich von seiner Geliebten zu trennen und bei seiner Frau zu bleiben, wenn er sein Ministeramt nicht verlieren wollte.

«Gestern: ein schwerer Tag. Am Abend vorher eine lange Aussprache mit Magda, die für mich eine einzige Demütigung ist. Ich werde ihr das nie vergessen. Sie ist so hart und grausam. Ich kann nur mit starken Mitteln schlafen. Und gegessen habe ich seit Tagen gar nichts. Und dabei ewig in dem alten Arbeitstrott. [...] Ich habe niemanden, der mir hilft. Ich will auch keinen haben. Man soll auch den Schmerz ganz auskosten. Und sich vor nichts feige zurückziehen. Ich durchlebe augenblicklich die schwerste Zeit meines Lebens.»

Tagebuch, 18. August 1938

Der sonst so treue Gefolgsmann gehorchte zunächst nicht und war drauf und dran, seine politische Karriere für Lida Baarova aufzugeben und als Botschafter nach Japan zu gehen. Doch wie so oft knickte Goebbels nach intensiven «Aussprachen» mit Hitler ein und beendete unter Wehklagen die verhängnisvolle Affäre. Filme mit seiner Ex-Geliebten verschwanden von den Kinoleinwänden, ihre laufenden Verträge wurden storniert, und sie selbst musste auf Wunsch Magdas Deutschland verlassen.

Stärker als die Liebe zu einer Frau erwies sich bei Goebbels diesmal auch wieder die Treue zu Hitler. Nach der Unterzeichnung eines «Versöhnungsvertrags» zwischen Hitler, Magda und ihm auf dem Obersalzberg notierte er am 28. Oktober 1938 ebenso ergeben wie widerwillig: *Sie ist zuerst wieder etwas angreiferisch, dann aber müssen wir uns beide wieder unter den Wunsch des Führers bringen. Er bringt ihn so menschlich und gütig vor, daß gar keine andere Wahl bleiben kann. Die Sache wird [...] vertagt und damit der Zukunft übergeben.*[247] Hitler ließ Goebbels ein Jahr Zeit, sich als treuer Ehemann zu bewähren, die Gunst Magdas zurückzugewinnen und sich als Minister zu rehabilitieren.

Noch lange schwelgte er in seinem Tagebuch in Selbstmitleid und Liebesschmerz. Letztlich setzte er um seiner Karriere willen wieder alles daran, die Scharte gegenüber seiner Ehefrau und seinem Führer auszuwetzen. Magda flehte er erfolgreich um den Fortbestand ihrer Ehe an, den sichtlich verstimmten Hitler versuchte er mit neuem politischen Eifer gewogen zu stimmen. Angesichts der längst angelaufenen Kriegsvorbereitungen waren seine propagandistischen Fähigkeiten mehr denn je gefragt. Im Privatleben glätteten sich für den gezähmten Ehemann langsam wieder die Wogen, während sich die politischen und militärischen Ereignisse schon bald überschlugen.

«Einem klugen Mann darf Krieg nicht passieren» – der Zivilist als Kriegshetzer

Wie kann auch der Nichtkämpfer in diesen Tagen dem Vaterland dienen?[248], lautete der Titel eines Aufsatzes, den Goebbels als Schüler drei Wochen nach Ausbruch des Ersten Weltkrieges geschrieben hatte. Damals verfasste der ausgemusterte *Nichtkämpfer* an der friedlichen Heimatfront kriegerische Zeilen für den Schulgebrauch. Als am 1. September 1939 die Deutsche Wehrmacht in Polen einmarschierte, durfte der ewige Zivilist den Zweiten Weltkrieg als Kampf gegen Bolschewismus, Judentum und Plutokratie, als Überlebenskampf des deutschen Volkes preisen. Während die deutschen Generäle auf den Schlachtfeldern die militärische Niederwerfung des Gegners vorantrieben, fühlte sich Goebbels für die *geistige Kriegsführung*, den *Kampf um die Seelen der Völker*[249] verantwortlich.

Obgleich Goebbels bereits in Friedenszeiten mit polemischen Parolen gegen die potenziellen Gegner hetzte, um frühzeitig Feindbilder aufzubauen und die Deutschen in Kriegsstimmung zu versetzen, befielen ihn angesichts eines tatsächlichen Aufeinanderprallens der militärischen Kräfte gelegentlich Ängste. Hitlers außenpolitische Hasardspiele in der Tschechoslowakei und Österreich kommentierte er in seinen Tagebüchern anfangs immer mit großer Sorge. *Einem klugen Mann darf Krieg nicht passieren*[250], soll er seinen Mitarbeitern in vertraulicher Runde vor dem Krieg gesagt haben. Offenbar fürchtete er die unkalkulierbaren Folgen, die ein Krieg für den Fortbestand des nationalsozialistischen Regimes haben könnte.

Goebbels war natürlich längst bewusst, dass Hitler dieser Krieg nicht einfach passierte. Er hatte ihn frühzeitig und von langer Hand vorbereitet, ohne Goebbels in seine konkreten Schlachtpläne mit einzubeziehen. Bereits der zwischen Hitler und Stalin im August 1939 geschlossene «Nichtangriffspakt» ließ die gesamte westliche Welt und auch Goebbels Schlimmes ahnen. Ganz abgesehen davon, dass der Propagandaminister große Mühe hatte, den bisherigen Erzfeind nun plötzlich als traditionell zuverlässigen Bündnispartner zu preisen, hoffte er bis zur letzten Minute, dass sich der Einmarsch in Polen durch Verhandlungen mit dessen Verbündeten England verhindern ließe.

Doch Hitler war fest entschlossen, sich den östlichen Nachbarn ohne diplomatische Übereinkünfte einzuverleiben und dies der Weltöffentlichkeit als Verteidigungskrieg zu präsentieren. Als die deutschen Soldaten am 1. September 1939 um 5.45 Uhr «zurückschossen», um einen von der SS fingierten Überfall polnischer Truppen zu vereiteln, fügte Goebbels sich den gewaltsamen Expansionsplänen seines Führers und versuchte, das Volk mit seiner Kriegspropaganda an die neue Situation zu gewöhnen.

Angesichts der raschen Siege über Polen, Dänemark und Frankreich wichen Goebbels' Ängste allmählich einem kämpferischen Optimismus. *Wir sind nun wieder im Angriff, man fühlt sich nur wohl im Kampf*[251], triumphierte er schon wenige Tage nach Kriegsausbruch. Gleichwohl blieb er der eher kriegsmüden Öffentlichkeit gegenüber zurückhaltend. *Wir haben es mit voller Absicht vermieden, das deutsche Volk in einen Rausch von Hurrapatriotismus zu versetzen*[252], verkündete er nach der Niederlage Polens. Er beschränkte sich auf eine *etwas temperierte Tagespropaganda*[253] und musste die Bevölkerung ansonsten nur über den siegreichen Vormarsch von Hitlers Truppen auf dem Laufenden halten. Da der von ihm stets befürchtete Zweifrontenkrieg vorerst ausblieb, wuchs auch sein Glaube an Hitlers militärisches Genie. *Mit dem Führer werden wir immer siegen, er vereint in sich alle Tugenden des großen Soldaten: Mut, Klugheit, Umsicht, Elastizität, Opfersinn und seine souveräne Verachtung der Bequemlichkeit. [...] Er eilt in allen Maßnahmen der Entwicklung weit voraus. Wie übrigens jedes Genie*[254], notierte er im Oktober 1939.

Anfangs aufkeimende Zweifel betäubte er im Tagebuch mit der Hoffnung auf einen raschen Sieg an allen Fronten. In seiner Propaganda verlegte er sich auf die ständige Diffamierung einer wachsenden Feindesschar. Er griff auf die gängigen Klischees zurück, bezichtigte die Franzosen der «welschen» Dekadenz und titulierte die Engländer als korrupte «Plutokraten». Den englischen Premier Winston Churchill, dessen rhetorische Brillanz er insgeheim bewunderte, beschimpfte er sogar als *politischen Schwerverbrecher*[255], um den Deutschen die Westmächte als ehrlose Kriegstreiber zu präsentieren. Freilich spielte Goebbels mit seinen Hassgesängen nur die Begleitmusik für Hitlers wider Erwarten erfolgreiche Militäroperationen.

Spätestens mit dem «Blitzsieg» über Frankreich im Mai 1940 glaubten viele Deutsche, dass die Wehrmacht auch die anderen Schlachtfelder ruhmreich verlassen und der Krieg bald zu Ende sein würde. Als Hitler im August 1940 fast 4000 Flugzeuge zur Bombardierung Englands aussandte, war auch Goebbels voller *Optimismus und […] Glaubenskraft*[256]. Doch Görings maßlos überschätzte Bomberstaffeln errangen zu keinem Zeitpunkt die Lufthoheit über das Vereinigte Königreich. Stattdessen griffen bald britische Flugzeuge deutsche Großstädte an und verschlechterten die Stimmung in der Bevölkerung.

Solange die Waffen über dem Ärmelkanal nicht schwiegen und englische Bomber über Hamburg oder Berlin ihre tödliche Fracht abwarfen, hielt Goebbels den von Hitler längst geplanten

Einmarsch in Paris: deutsche Truppen vor dem Arc de Triomphe, 15./16. Juni 1940

Krieg gegen den *Weltfeind Nr. 1*[257], die Sowjetunion, für ein kaum kalkulierbares Risiko. Umso nervöser reagierte er, als Hitler ihm im März 1941 eröffnete, den Einmarsch in die Sowjetunion wagen zu wollen. Gleichwohl machte er sich in seinem Tagebuch Mut für die neuen Herausforderungen: *Das große Unternehmen kommt. [...] Es wird sorgfältigst getarnt, nur die wenigsten wissen davon. [...] Psychologisch bietet die ganze Sache einige Schwierigkeiten. Aber das überwinden wir leicht durch Antibolschewismus. [...] Wir werden unser Meisterstück liefern.*[258]

Seinen Propagandafeldzug arbeitete Goebbels sorgfältig und trickreich aus. So täuschte er mit gezielt lancierten Falschmeldungen eine Landung auf dem britischen Festland vor, um die Vorbereitungen für den Angriff auf die Sowjetunion am 22. Juni 1941 zu vertuschen. Eine Woche vor dem Überfall nahm Hitler seinem Propagandaminister die Bedenken vor einem Zweifrontenkrieg, indem er ihm versicherte, die Kampfhandlungen im Osten dauerten höchstens vier Monate. Militärisch völlig unerfahren, tröstete sich Goebbels mit der vermeintlichen Überlegenheit der deutschen Truppen. *Ich schätze die Kampfkraft der Russen sehr niedrig ein, noch niedriger als der Führer. Wenn eine Aktion sicher war und ist, dann diese*[259], redete er sich und in seiner Propaganda auch der deutschen Bevölkerung ein. Pressevertretern kündigte er sogar an, der Krieg gegen Stalins Truppen werde innerhalb von *acht Wochen*[260] gewonnen sein.

Darüber hinaus verkaufte er den Deutschen das Unternehmen «Barbarossa» als einen *gerechten* Krieg gegen das *teuflische System des Bolschewismus*[261], dessen angebliche Welteroberungspläne die deutschen Truppen nun rechtzeitig vereitelten. Die Deutschen, so schrieb er in einem programmatischen Artikel für «Das Reich», seien *in Wahrheit die Erretter der europäischen Kultur und Zivilisation gegen die Bedrohung durch eine politische Unterwelt*[262].

Obwohl das Oberkommando der Wehrmacht in den ersten Wochen immer neue Erfolge an der Ostfront erzielte, war Goebbels innerlich noch nicht überzeugt, dass der Sieg so bald bevorstehe. In seinem Tagebuch wechseln sich deshalb Zuversicht und Ernüchterung ab. Schrieb er kurz nach den erfolgreichen Vorstößen noch: *Wir können sehr beruhigt sein. Das Sowjetregime wird wie Zunder auseinanderbrechen*[263], so heißt es ein paar Tage später mit Blick auf seine Propagandastrategie: *Man traut unserer Wehrmacht die tollsten Dinge zu. Ich bremse da unentwegt ab.*[264] Und kurz darauf: *Die Dinge stehen im Allgemeinen ganz gut, allerdings leisten die Russen mehr Widerstand, als man zuerst vermutete. Unsere Verluste an Menschen und Material sind nicht ganz unbedeutend.*[265]

Im Gegensatz zu Hitler machte sich Goebbels schon nach wenigen Wochen keine Illusionen mehr über die Dauer und Härte des Krieges. So hielt er nichts von der vorschnellen Bekanntgabe des «Endsiegs», wie sie sein schärfster Konkurrent, Reichspressechef Otto Dietrich, mit Sondermeldungen im Oktober 1941 in die Welt gesetzt hatte. Freilich glaubte auch Goebbels felsenfest an den deutschen Sieg, aber dieser konnte seiner Meinung nach nur errungen werden, wenn das Volk in der *harten Wahrheit erzogen wird,* damit es den *kommenden Auseinandersetzungen gewappneter gegenüber* stehe. *Der Krieg ist ein hartes Handwerk und es muß dem deutschen Volke klargemacht werden, daß es jetzt überhaupt um die große europäische Entscheidung geht. [...] Die Vorteile beim Aussprechen des Optimismus sind kleiner als die Nachteile, die sich herausstellen, wenn der Optimismus sich nicht bewahrheitet. [...] Es wäre also richtig, wenn wir das deutsche Volk ganz eindeutig auf die Härte des im Osten sich abspielenden Kampfes ins Bild setzten,* lautete seine Propagandaphilosophie im Herbst 1941.[266]

Zögerliche Rückendeckung für den Wechsel von einer die Kriegssituation eher verharmlosenden zu einer die Bevölkerung eher abhärtenden Propaganda erhielt er im November von Hitler, dessen militärstrategischer Brillanz und Durchsetzungskraft er immer noch vertraute. Spätestens als die Truppenbewegungen an der Ostfront im Winter wortwörtlich einfroren und der Kriegseintritt der USA kurz bevorstand, war ohnehin nicht mehr zu leugnen, dass sich die Kampfhandlungen in die Länge ziehen und auch die Belastungen für die Heimat größer werden würden.

Goebbels beließ es in dieser Situation nicht dabei, einen *realistischen Optimismus*[267] zu verkünden. Die Rolle des puren Propagandisten genügte ihm nicht mehr. Als tatkräftiger Kriegsherr an der Heimatfront wollte er endlich aus dem Schatten der Generäle heraustreten und die «rechte Hand» Hitlers werden. Ohne mit ihm Rücksprache zu halten, forderte er die deutsche Bevölkerung dazu auf, in ihren Kleiderschränken und Dachkammern nach Winterbekleidung für die Frontsoldaten zu suchen. Goebbels vollzog mit solchen Aktionen schon die ersten Schritte zur Totalisierung des Krieges, die er ein gutes Jahr später in seiner berühmten Sportpalastrede offiziell verkünden sollte.

Wie schon häufiger fühlte er sich jetzt wieder als Krisenmanager gefragt. Im Verlauf des folgenden Jahres ergriff er jede Chance, seine Pläne zum totalen Kriegseinsatz bei Hitler durchzusetzen und sich auf diese Weise unentbehrlich zu machen. Auch wenn Hitler seinen höchsten Offizieren immer weniger traute, Goebbels' Vorschläge zur radikalen inneren Kriegsführung versagte er bisweilen noch seine Zustimmung und vertröstete ihn auf die Zukunft. Angesichts der erfolgreichen Sommeroffensive im Osten 1942 schöpfte Hitler nämlich wieder Hoffnung auf einen Siegfrieden. Goebbels beurteilte die militärische Gesamtsituation weitaus nüchterner, auch wenn er die kurzfristigen Erfolge als Beweis für den deutschen Siegeswillen propagierte. Indes beschwor er in seinen Artikeln und Reden weiterhin den unermüdlichen Kriegseinsatz.

Erst als sich die Lage im Winter 1942 dramatisch zuspitzte und General Paulus mit seiner 6. Armee in Stalingrad eingekesselt wurde, nahm Hitler die Pläne seines Propagandaministers ernster. Zu dessen großer Enttäuschung beauftragte er mit der konkreten Durchführung aber nicht ihn, sondern einen «Dreierausschuss», dem sein Privatsekretär Martin Bormann, Generalfeldmarschall Wilhelm Keitel und Reichskanzleichef Hans-Heinrich Lammers angehörten. Goebbels selbst sollte lediglich konkrete Maßnahmen ausarbeiten, mit denen neue Soldaten für die Front und neue Arbeitskräfte für die Industrie gewonnen werden konnten. Doch das war ihm zu wenig. Er wollte selbst Politik betreiben, um die Wirkung seiner Propaganda zu erhöhen, wie er seinen Mitarbeitern Anfang Januar 1943 kundtat: *Wenn das Volk spüre, daß nicht nur Propaganda für den totalen Krieg gemacht, sondern auch die notwendigen Konsequenzen gezogen würden, so bekommt die Propaganda die richtige Substanz und Wirkung.*[268]

Vorerst musste er sich aber noch damit begnügen, die Deutschen rhetorisch auf die totale Kriegsführung einzustimmen. Anlass dazu bot ihm die Kapitulation in Stalingrad Anfang Februar, die er nicht als Rückschlag, sondern als Ansporn zu neuem Kampfesmut verstanden wissen wollte. In seiner akribisch ausgefeilten «Sportpalastrede» vom 18. Februar 1943 spielte er ganz gezielt mit der Angst der Deutschen vor den *vorstürmenden Sowjetdivisionen*, hinter denen *sich der Terror, das Gespenst des Millionenhungers und einer vollkommenen europäischen Anarchie*[269] erhebe und nach einer Brutalisierung des Krieges verlange.

Aus der Niederlage an der Wolga sollten die Deutschen nach Goebbels' Willen neuen Mut und neue Energie für den «Endsieg» schöpfen. *Stalingrad war und ist der große Alarmruf des Schicksals an die deutsche Nation. Ein Volk, daß die Stärke besitzt, ein solches Unglück zu ertragen und auch zu überwinden, ja, daraus noch zusätzlich Kraft zu schöpfen, ist unbesiegbar*[270], impfte er seinen begeisterten Zuhörern ein. *Es muß jetzt zu Ende sein mit den bürgerlichen Zimperlichkeiten, die auch in diesem Schicksalskampf nach dem Grundsatz verfahren wollen: Wasch' mir den Pelz, mach' mich nicht naß! Die Gefahr, vor der wir stehen, ist riesengroß. Riesengroß müssen deshalb auch die Anstrengungen sein, mit denen wir ihr entgegentreten. Es ist also jetzt die Stunde gekommen, die Glacéhandschuhe auszuziehen! Jetzt müssen wir die Faust bandagieren!*[271]

Damit waren unmissverständlich die Fäuste aller Deutschen gemeint. Ohne *Rücksicht auf Stand und Beruf, arm und reich und hoch und niedrig* verlangte er vom Volk, schwerste *Belastungen auf sich zu nehmen, wenn damit dem Sieg gedient wird.*[272] Luxusrestaurants sollten geschlossen, die Kriegswirtschaft angeheizt und alle wehrfähigen Kräfte an die Front geworfen werden. Der *totalste und radikalste Krieg ist auch der kürzeste*[273], versprach er den jubelnden Menschen vor Ort und den stummen Zuhörern an den Volksempfängern.

Dass sein Publikum nach fast zwei Stunden die Frage: *Wollt ihr den totalen Krieg? Wollt ihr ihn wenn nötig, totaler und radikaler, als wir ihn uns heute überhaupt vorstellen können*[274], stürmisch bejahte, musste nicht verwundern. Repräsentierte die Versammlung doch keineswegs *einen Ausschnitt des ganzen deutschen Volkes*[275], sondern parteitreue und sorgfältig ausgewählte Gäste. Goebbels überschätzte den Ef-

«Gestern Goebbels-Rede. Glänzende Volksrede eines einzigartigen gesteigerten Volksrausches. Zehn Fragen an das deutsche Volk in biblischer Festlichkeit, dies mutet alles wie ein ganz großes, gewaltiges Schauspiel an, dessen Tiefe, Tragik und Bedeutung wohl kaum einer der Anwesenden verstehen mag, und nun, Volk steh auf und Sturm brich los.»
Iring Fetscher: Neugier und Furcht, 1995

Großkundgebung im Sportpalast: Blick über das Auditorium während der Ansprache von Joseph Goebbels, 18. Februar 1943

fekt seines Auftritts maßlos und behauptete am selben Abend im privaten Kreis angeblich: *Wenn ich den Leuten gesagt hätte: Springt aus dem dritten Stock des Columbushauses – sie hätten es getan.*[276] Immerhin meldeten die Reichspropagandaämter eine gewisse Zuversicht bei der Bevölkerung. Da der Rede die angekündigten Maßnahmen nicht unmittelbar folgten, fehlte seiner Propaganda jedoch auch weiterhin *Substanz und Wirkung*.

Einen größeren Eindruck in der Bevölkerung hinterließ Goebbels dadurch, dass er den Kontakt zu ihr nicht abbrechen ließ. Im Gegensatz zu Hitler oder Göring war er in den letzten Kriegsjahren nicht nur im Radio und der Presse präsent, sondern auch in den zerbombten Städten. Er zeigte sich demonstrativ in den brennenden Trümmerlandschaften, sprach den Opfern der Luftangriffe Mut zu und sorgte für schnellstmögliche Hilfe. Als «Vorsitzender des Interministeriellen Ausschusses zur Behebung der Luftschäden» spendete er im Sommer 1943 den Opfern der alliierten Luftangriffe in Köln oder Dortmund persönlich Trost und

Joseph Goebbels besichtigt zerstörte Wohnhäuser nach alliierten Luftangriffen im Oktober 1940.

veranlasste, dass die Ausgebombten mit Lebensmitteln, Decken und Verbandszeug versorgt wurden. In Berlin, wo er als Gauleiter in begrenztem Maße politisch eigenständig handeln konnte, evakuierte er während der schweren Bombardements im November 1943 fast 400 000 Frauen, Kinder und Alte.

Die wohlkalkulierten Auftritte steigerten nicht nur seine Popularität, sondern gaben ihm auch immer wieder die Möglichkeit, den Hass auf die Feinde zu schüren, den «Endsieg» zu predigen und den Menschen paradiesische Zustände zu versprechen – vorausgesetzt, sie zeigten weiterhin genügend Opfer- und Widerstandsbereitschaft. Auch wenn ihn in Anbetracht der schweren Bombardements und der verlustreichen Rückzugsgefechte ein *leichtes Gruseln*[277] befiel, glaubte Goebbels vermutlich noch im Herbst 1943 an den «Endsieg», auf jeden Fall aber an Hitlers Kriegskünste. *Wenn der Führer auf der Höhe ist, dann werden sich auch unsere Dinge immer wieder nach einer gewissen Spannung in die Höhe bewegen*[278], schrieb er voller Hoffnung in sein Tagebuch.

Allerdings beklagte er die kaum mehr spürbare Führung im Innern, die Hitler ihm noch immer nicht übertragen wollte. *Un-*

sere Propaganda im Reichsgebiet zündet auch nicht mehr so recht, wie ich aus einer Reihe von Berichten der Gauleitungen entnehmen kann. Auch hier empfindet man es als sehr bitter, daß die regierende Hand in der Heimat fehlt. Ich wäre gern bereit, die Aufgabe der Lösung all dieser Probleme auf mich zu nehmen, wenn ich die Vollmachten besäße[279], vertraute er seinem Tagebuch und Leuten wie Albert Speer, Walther Funk, Robert Ley und Fritz Sauckel an, mit denen er regelmäßig über den totalen Kriegseinsatz konferierte.

Da Hitler ihm die hierfür nötigen Kompetenzen vorenthielt, forderte er zur weiteren Radikalisierung der Kampfeinsätze auf. Er wäre sogar bereit gewesen, die Genfer Konventionen zum Schutz von Kriegsgefangenen zu kippen, und liebäugelte bereits im März 1942 mit der Entwicklung und dem Einsatz von Atomwaffen, die *den Menschen Mittel der Zerstörung in die Hand* gäben, *die unvorstellbar*[280] und kriegsentscheidend seien. 1943/44 waren die Atomphysiker glücklicherweise noch nicht so weit, aber an einer «Wunderwaffe» mit deutlich erhöhter Sprengkraft arbeiteten deutsche Ingenieure bereits fieberhaft.

Goebbels schürte deshalb bei den Deutschen an der Heimatfront die Hoffnung auf einen baldigen und kriegsentscheidenden Vergeltungsschlag. Vor Gauleitern erklärte er am 23. Februar 1944 mit vorsichtigem Optimismus: *Es wird eine Vergeltung vorbereitet und sie wird sich in Formen vollziehen, die bisher im Krieg noch unbekannt sind und in einem Stil, von dem wir hoffen, daß er für den Gegner schwer erträglich sein wird. Die Schaffung einer neuen Waffe bereitet naturgemäß viele Schwierigkeiten, aber diese Schwierigkeiten sind überwunden worden und werden weiter überwunden. Die Vergeltung wird in dem Moment einsetzen, in dem der Feind kaum noch daran glaubt, und außerdem wird er sie gleich in einem solchen Umfang zu spüren bekommen, daß er sich nur schwer daran gewöhnen wird.*[281]

Aber nicht die im Juni 1944 in der Normandie gelandeten Alliierten, sondern die Deutschen in der Heimat mussten sich alsbald wieder fürchten. Goebbels' Hoffnung, *daß die Vergeltung nun endlich Tatsache geworden*[282] sei, erfüllte sich nach den enttäuschenden Testversuchen und Bombardements mit den mehrfach weiterentwickelten Raketen des Typs V1 und V2 nicht. Umso größer war die Enttäuschung bei der Bevölkerung, die angeblich schon Wetten darüber abgeschlossen hatte, ob *der Krieg in drei oder vier oder acht Tagen zu Ende gehe*[283]. So musste er mit ansehen, wie ihn die Realität Lügen strafte und *die überschäumende Begeisterung in kurzer Zeit in einer Art von Katzenjammer*[284] endete.

Je mehr sich die militärische Lage zuspitzte und sich die Stimmung in der Heimat verschlechterte, desto eindringlicher bat er Hitler darum, die *letzten Register [...] ziehen*[285] zu dürfen. In einer fast dreistündigen Unterredung legte Goebbels dem obersten Kriegsherrn am 22. Juni 1944 nahe, *die Wehrmacht an Haupt und Gliedern* zu reformieren und dessen *Führungspersonal* auszuwechseln. In maßloser Selbstüberschätzung glaubte er sich *bereit und in der Lage, durch Maßnahmen einschneidendster Art ihm eine Million Soldaten zur Verfügung zu stellen, und zwar dadurch, daß* er *die Organisation der Wehrmacht sowohl wie das zivile Leben rigoros auskämme.*[286]

Abermals verwarf Hitler die radikalen Vorschläge seines treuen Vasallen, weil er ihm in militärischen Fragen nichts zutraute und weiterhin selbst das Heft in der Hand behalten wollte. Er beruhigte Goebbels, dass sie *mit den Krisen, die wir augenblicklich durchleben, auf die bisher gewohnte Weise fertig*[287] würden. Auch wenn sich Goebbels nach dem enttäuschenden Gespräch damit tröstete, dass sein *Führer noch immer instinktiv den richtigen Moment gewählt habe*[288], ließen ihn die Zweifel an Hitlers Realitätssinn nicht los. Als die Rote Armee im Sommer 1944 weiter nach Ostpreußen vordrang, vermerkte er am 9. Juli 1944 bange: *Ich frage mich immer wieder verzweifelt, was der Führer dagegen tut.*[289]

Was er dagegen tun würde, wenn er dürfte, hielt er gut eine Woche später in einer Denkschrift für Hitler fest. So sollte den öffentlichen wie militärischen Behörden «überflüssiges» Personal entzogen werden, um der Wehrmacht und den Rüstungsbetrieben neue Kräfte zuzuführen. Schließlich wollte er sich von der Nachwelt nicht vorwerfen lassen, die Gefahren nicht erkannt und die nötigen Maßnahmen nicht vorgetragen zu haben. Doch bei aller Hartnäckigkeit und allen Zweifeln besaß er niemals den Mut und den Charakter, sich gegen Hitler zu stellen. So versicherte er ihm am Ende seines Memorandums: *Sie wissen, daß mein Leben Ihnen gehört.*[290]

«... aber Sterben, das können wir fabelhaft» – Treue bis in den Tod

Bevor Goebbels sich am 1. Mai 1945 mit seinem Selbstmord aus der historischen Verantwortung stahl, sollte er im letzten Kriegsjahr doch noch zum wichtigsten Mann nach Hitler aufsteigen. Ein paar Telefonate, die richtigen Direktiven und ein glücklicher Zufall verschafften ihm nach dem Attentat vom 20. Juli 1944 letztlich den ersehnten Titel des «Reichsbevollmächtigten für den totalen Kriegseinsatz». Während der missglückte Anschlag auf Hitler für die Widerständler um Claus Graf Schenk von Stauffenberg tödlich endete, begann für Goebbels der letzte große Auftritt.

Der Boden habe *unter ihm gewankt*, behauptete er in einer Rundfunkansprache, nachdem er die Nachricht vom Bombenattentat auf Hitler erhalten hatte.[291] Sicherlich bangte er an diesem Tag wirklich um sein eigenes Leben. Nach Speers Aussage hatte er sogar schon einige Pillen für den Fall aller Fälle in die Rocktasche gesteckt.[292] Als er jedoch erfuhr, dass Hitler noch lebte, war er wieder geistesgegenwärtig genug, den Staatsstreich der *verräterischen Generalsclique*[293] mit seinen Mitteln zu vereiteln.

Einem ehemaligen Mitarbeiter seines Ministeriums, Dr. Hans Hagen, hatte er es schließlich zu verdanken, dass er noch rechtzeitig über den gescheiterten Anschlag und die weiteren Putschpläne für Berlin informiert wurde. Hagen berichtete ihm, dass die Verschwörer den Befehlshaber des Wachbataillons «Großdeutschland», Major Ernst Otto Remer, mit der Abriegelung des Regierungsviertels und seiner Verhaftung beauftragt hätten. Unverzüglich bat er den vom sicheren Tod des «Führers» überzeugten Major zu sich, um ihn vom Gegenteil zu überzeugen. Ein paar eindringliche Worte sowie ein Telefonat mit Hitler im Führerhauptquartier bei Rastenburg (Ostpreußen) genügten, Remer auf seine Seite zu ziehen und ihn zur Niederschlagung des Aufstands zu bewegen. Im Auftrag Hitlers kommandierte der Zivilist Goebbels nun das Wachbataillon ins Hauptquartier des Ersatzheeres in die Berliner Bendlerstraße, um die Aufrührer verhaften zu lassen.

Mittlerweile bröckelte die Front der Verschwörer längst, hatte doch auch hier die Nachricht von Hitlers Überleben die Runde gemacht und einige Offiziere wieder die Seiten wechseln lassen. Bereits am frühen Abend des 20. Juli teilte Goebbels den deutschen Radiohörern in triumphierendem Tonfall mit, dass der Staatsstreich niedergeschlagen worden sei. Sein entschlossenes Handeln, vor allem aber die Planungsfehler der Putschisten hatten einen Machtwechsel und damit einen möglichen Verhandlungsfrieden verhindert. Stattdessen sollte nun der ehrgeizige Propagandaminister den Krieg mit noch größerer Härte und noch größeren Verlusten bis zur totalen Niederlage fortführen.

Der militärische Widerstandskreis um Oberstleutnant Claus Schenk Graf von Stauffenberg will Hitler töten, um die Diktatur in Deutschland und den Krieg schnellstmöglich zu beenden. Nach der nationalsozialistischen Gewaltherrschaft sollte der Rechtsstaat wieder aufgebaut und über die konkrete Staatsform entschieden werden.

Zunächst aber ergötzte er sich am Scheitern der oppositionellen Offiziere, denen er den Einfluss auf und die Nähe zu Hitler schon lange neidete: *Wenn die nicht so ungeschickt gewesen wären! Sie haben eine große Chance gehabt. Welche Trümpfe. Welche Kinderei. Wenn ich denke, wie ich das gemacht hätte! Warum haben sie nicht das Funkhaus besetzt und die tollsten Lügen verbreitet. Hier stellen sie Posten vor meine Tür. Aber seelenruhig lassen sie mich mit dem Führer telefonieren, alles mobil machen! Nicht einmal mein Telefon haben sie stillgelegt!*[294], war seine unmittelbare Reaktion vor engen Vertrauten. In seinen öffentlichen Reden schüttete er Hohn und Spott über die Verschwörer und wälzte die Schuld an der katastrophalen Kriegssituation auf sie ab. Sein Hass auf sie war so groß, dass er ihr *Strafgericht*[295] und ihre grausame Hinrichtung in dem Film «Einsatz X – Verräter vor dem Volksgericht» für die Nachwelt festhalten ließ.

Auch wenn Hitler die grausamen Aufnahmen wegen ihrer unkalkulierbaren Wirkung auf die Stimmung im Land indizieren ließ, wollte er die «verräterische Generalsclique» und deren Mitverschwörer von Goebbels angeprangert und potenzielle Attentä-

Nach dem Attentat vom 20. Juli 1944 unterhalten sich Hitler und Goebbels im Führerhauptquartier «Wolfsschanze» bei Rastenburg in Ostpreußen.

ter abgeschreckt sehen. So brandmarkte der Propagandaminister die Verschwörer um Stauffenberg am 26. Juli 1944 in einer Rundfunkrede als «Glücksritter und Hasardspieler», denen gnadenlos der Prozess gemacht werde. In der erfolgreichen Niederschlagung sah er einen Beweis dafür, dass der «Führer» und sein *Werk unter dem Schutz der Vorsehung* stehe – und dass dieses Werk, *auch wenn es noch so großen Schwierigkeiten begegnet, vollendet werden muß, vollendet werden kann und vollendet werden wird.*[296]

Als Hitler zwei Tage nach dem Attentat seine engsten zivilen Mitarbeiter zu sich ins Führerhauptquartier bat, stand Goebbels kurz vor dem Ziel seiner politischen Träume. So schlug ihn der bislang mit der «Reform des öffentlichen Lebens» betraute «Dreierausschuss» um Lammers, Keitel und Bormann als *Kandidaten für die innere Kriegsdiktatur*[297] vor. Das in den Augen Hitlers wenig erfolgreiche Gremium wurde daraufhin aufgelöst und dessen Kompetenzen auf Goebbels übertragen.

Dass ihm Hitler kurz darauf auch noch den Titel des «Reichsbevollmächtigten für den totalen Kriegseinsatz» und damit kriegsdiktatorische Kompetenzen verlieh, war aus der Not und keineswegs aus innerer Überzeugung geboren. Niemand außer Goebbels, weder Hitler noch der «Dreierausschuss», wollte letztlich die Verantwortung für die Mobilisierung der letzten menschlichen wie materiellen Reserven übernehmen. Freilich hofften sie, mit Goebbels' wahnwitzigen Maßnahmen die drohende Niederlage spätestens an der Heimatfront noch in einen Sieg verwandeln zu können. Davon war er selbst ohnehin überzeugt und glaubte, dass ihm nun *das Führen in der gegenwärtigen Situation [...] leicht sein*[298] würde und er sich als zukünftiger Reichskanzler profilieren könnte.

Was er in unzähligen Gesprächen und seiner Denkschrift so oft gefordert hatte, setzte er sogleich in die Tat um. Er führte augenblicklich und kurzerhand die 60-Stunden-Woche, Urlaubssperren sowie Reiseverbote ein. Frauen bis zum fünfzigsten Lebensjahr mussten für kriegswichtige Tätigkeiten bereitstehen. Theater, Varietés, Museen wurden geschlossen, Festspiele und Konzerte wurden verboten, unrentable Luxusgeschäfte und Betriebe dichtgemacht. Die Deutschen sollten ohne Vergnügungen und Vergünstigungen einen kargen Kriegsstil leben und sich ganz auf den Endkampf konzentrieren.

Besonderen Ehrgeiz entfaltete Goebbels auch bei der Rekrutierung neuer Soldaten. Er durchkämmte die Listen der bislang vom Militärdienst befreiten Volksgenossen nach wehrfähigen Männern und schonte dabei weder die Mitarbeiter seines Ministeriums noch die von ihm einst so verwöhnten Kulturschaffenden. Aufatmen konnten nur Künstler, die auf der «Gottbegnadeten-Liste» standen, wie etwa der Literat Hans Carossa oder der Komponist Hans Pfitzner. Seit dem 10. September 1944 weitete Goebbels die Suche per «Führererlaß» sogar auf die Wehrmachtsverwaltung aus. Neben *Schreibtischgenerälen und Lehnstuhlstrategen*[299] schickte er auch rheuma- und magenkranke Soldaten wieder an die Front oder in die Rüstungsbetriebe.

Mit grenzenlosem Aktionismus und Dutzenden von neuen Divisionen wollte Goebbels vor Hitler glänzen. Dabei scherte es ihn wenig bis gar nicht, ob die dienstverpflichteten Männer in den Fabriken oder auf den Schlachtfeldern überhaupt eingesetzt werden konnten. Rüstungsminister Speer wusste nämlich weder

Angehörige des «Volkssturms», mit Gewehren und Panzerfäusten bewaffnet, Berlin 1944/45

so viele ungelernte Arbeitskräfte unterzubringen noch die neuen Soldaten mit ausreichend Waffen zu versorgen.

Von solchen Einwänden mochte Goebbels ebenso wenig hören wie von der sich immer deutlicher abzeichnenden Niederlage.

Während er sich zwischenzeitlich immer wieder einredete, dass ihm aus seinem Volk eine *Welle von Vertrauen und Gläubigkeit*[300] entgegenschlüge, registrierte er gleichwohl die schlechte Stimmung. *Die Briefeingänge bei mir sind wieder sehr zahlreich. Auch aus ihnen entnehme ich eine zunehmende Nervosität selbst bei den Gutwilligen. Es herrscht zwar einerseits ein tiefer Glaube bei den echten Nationalsozialisten vor, daß es uns doch noch gelingen werde, die gegenwärtige militärische Krise zu meistern; andererseits aber meldet der Verstand sich immer wieder als Mahner und Kritiker an*[301], vermerkte er noch Anfang September 1944 in seinem Tagebuch. Die Zeichen seines Realitätsverlusts wurden jedoch immer deutlicher.

Je näher die Front rückte, desto radikaler wurde der totale Kriegseinsatz und desto hasserfüllter Goebbels' Propaganda. Im Oktober mobilisierte er in der Hauptstadt noch einmal Zehntausende von Freiwilligen zwischen sechzehn und sechzig für Hitlers «Volkssturm». Bei ausreichender Bewaffnung, so glaubte er, könne *Berlin eigentlich nichts passieren*[302]. Damit täuschte er sich gewaltig. Hitlers letztes Aufgebot erhielt trotz erhöhter Rüstungsanstrengungen weder genügend Waffen noch die nötige militärische Ausbildung. Dennoch war der Minister zufrieden: *Unsere Propaganda und meine Arbeiten*, schrieb er nach einem Treffen mit Hitler im Dezember 1944, *haben so beträchtliche Erfolge erzielen können, daß darüber gar kein Zweifel mehr erlaubt ist.*[303]

Davon konnte indes keine Rede sein: Der Vormarsch der Alliierten wurde durch Goebbels' Maßnahmen kaum verlangsamt, und die Kriegsmoral sank stetig. Pausenlos versuchte er glauben zu machen, dass ein Volk mit heroischer Gesinnung noch nie untergegangen sei. Trost und Zuversicht holte er sich in der Vergangenheit[304]: Auch in ärgster Bedrängnis hätten am Ende die Römer in den Punischen Kriegen über die Karthager gesiegt, gab er in seinen immer selteneren Rundfunkansprachen kund. Sein größtes historisches Vorbild blieb Friedrich der Große, der im Siebenjährigen Krieg eine drohende Niederlage angeblich durch Standhaftigkeit in einen fulminanten Sieg verwandelt habe und der Devise gefolgt sei: *Ich gebe nicht nach, gleichgültig, wo ich stehe und wo ich schlage, ich werde schlagen; irgendwann werden sie sich zum Frieden bequemen und dann wird meine Stunde kommen, und ich werde der Härtere sein, ich werde der Widerstandsfähigere sein, ich lasse mich nicht vom Schick-*

sal niederschlagen; eher werde ich mich von meinen Batterien begraben lassen, ehe daß ich einen schimpflichen Frieden nun unterzeichne. Diese Gesinnung hat ihn dann am Ende doch über seine Feinde erhoben und ihn damit zum größten König nicht nur der preußischen, sondern überhaupt der Weltgeschichte gemacht.[305]

Das glückliche geschichtliche Schicksal erhoffend, die Feinde schon auf dem eigenen Terrain wissend, forderte er das Volk zu ebendieser heroischen Gesinnung auf: *[...] wir verteidigen jetzt ein Land, das unsere eigene Heimat darstellt, in dem unsere Frauen und Kinder wohnen. Und deshalb muß dieses Land verteidigt werden nicht nur von einer fanatischen, sondern auch von einer fanatisierten Bevölkerung, die weiß, daß es um alles geht, daß es kein Zurückweichen mehr gibt, sondern daß jetzt das nationale Leben und die individuelle Existenz jedes einzelnen von uns verteidigt werden muß.*[306]

Goebbels' Endzeitpropaganda erschöpfte sich allerdings nicht allein in historischen Reminiszenzen und Appellen. Um den Widerstandswillen wachzuhalten, malte er der verzweifelten Bevölkerung schon seit längerem die Folgen einer Niederlage in den düstersten und die eines Sieges in den strahlendsten Farben aus. Sollten die Alliierten siegen, drohe den Deutschen die totale Versklavung und Vernichtung. Bewahrten sie hingegen auch noch *eine Sekunde vor Zwölf* ihren Siegeswillen, werde ihre Heimat nach dem Krieg wieder *aufblühen wie nie zuvor [...] mit neuen, schöneren Städten und Dörfern [...].*[307] Noch im Dezember 1944 schwärmte er gemeinsam mit Hitler von einer *Zukunft, die vorläufig noch in geheimnisvollem Dunkel liegt, von der wir aber alle überzeugt sind, daß wir sie, vielleicht früher, als wir heute alle ahnen, einmal erringen werden*[308].

Immer fester klammerte er sich an solche Schimären und deutete auch die kleinste positive Nachricht als Zeichen einer kurz bevorstehenden Kriegswende. Deshalb erblickte er im letztlich wenig erfolgreichen Einsatz neuer «Wunderwaffen» gegen England ebenso einen Hoffnungsschimmer wie in der Mitte Dezember 1944 im Westen gestarteten Ardennen-Offensive. Als diese letzte militärische Operation wenige Tage später scheiterte, glaubte er, die Koalition der Feindmächte wenigstens mit seiner Propaganda noch spalten und mit Stalin oder Churchill vielleicht Friedensverhandlungen aufnehmen zu können.

Solche mit SS-Chef Heinrich Himmler im Februar 1945 geschmiedeten Pläne blieben aber ein ebenso großes Hirngespinst wie seine Vorstellungen von einer neuen nationalsozialistischen Regierung mit Hitler als repräsentativem Oberhaupt und sich als Reichskanzler und Außenminister. Spätestens jetzt wusste er, dass weder die eilends aufgestellten Frauenbataillone noch die dienstverpflichteten Hitlerjungen die Rote Armee würden aufhalten können. Mittlerweile fiel den sowjetischen Truppen eine ostpreußische Stadt nach der anderen in die Hände. Goebbels, so sein Adjutant, habe sich zu diesem Zeitpunkt eingestanden: *Wir sind fertig, ausgeblutet, am Ende.*[309]

Wenn er also Anfang März 1945 in militärischer Verkleidung, mit schwarzem Ledermantel und deutscher Offiziersmütze, den «Volkssturm» zum Weiterkämpfen ermunterte, dann hatte er statt des «Endsiegs» nur noch den heroisch inszenierten Untergang des ganzen deutschen Volkes im Blick. So forderte er in seiner vorletzten Rundfunkansprache vom 28. Februar 1945 von den Deutschen Widerstand um jeden Preis: *Es gibt nur Tod oder Sieg für uns, eines von beiden ist notwendig.*[310] In diesem Geiste sollten auch die «Werwölfe» agieren, kleine Partisanengruppen im vom Feind besetzten Gebiet, deren Aufbau er Ende März forcierte und deren Kräfte er mythisch verklärte.

Nach außen propagierte er zwar weiterhin Siegesgewissheit und Widerstandswillen, innerlich trug er sich aber schon längst mit dem Gedanken an den Tod. In seinem Tagebuch sah er sich bereits Gift schlucken, in die Luft sprengen oder als Held mit dem Hakenkreuzbanner auf den Barrikaden sterben.[311] *Wenn wir untergehen sollten,* sagte er im März vor Pressevertretern, *dann wird mit uns das ganze deutsche Volk untergehen, und zwar so ruhmreich, daß selbst noch nach tausend Jahren der heroische Untergang der Deutschen in der Weltgeschichte an erster Stelle steht.*[312]

Die von ihm nun erwartete Niederlage rückte immer näher, aber er gab nicht sich die Schuld, sondern – wie Hitler auch – den Deutschen. *Was fange ich mit einem Volk an, dessen Männer nicht einmal mehr kämpfen, wenn ihre Frauen vergewaltigt werden. […] Ja das mag für manche Leute eine Überraschung sein. […] Geben Sie sich keinen Illusionen hin! Ich habe ja niemanden gezwungen, mein Mitarbeiter zu sein, so, wie wir auch das deutsche Volk nicht gezwungen haben. Es hat uns selbst beauftragt. […] Jetzt wird Ihnen das Hälschen durchgeschnitten*[313], fertigte er seine Getreuen im Ministerium zynisch ab.

Wenn jemand freilich hoffte, sein *Hälschen* vielleicht retten zu können, dann war es Goebbels. So stark, wie er an Hitler glaubte, so intensiv glaubte er daran, die *perverse Koalition zwischen Plutokratie und Bolschewismus*[314] könne im letzten Moment noch zerbrechen. Als man ihm am 12. April die Nachricht vom Tod des amerikanischen Präsidenten Franklin D. Roosevelt überbrachte, hielt er das lang herbeigesehnte und herbeigeredete «Wunder» endlich für gekommen. Er sollte sich täuschen. Wenige Tage später standen die Truppen der sowjetischen Marschälle Georgij Schukow und Iwan Konjew vor den Toren Berlins, während die angloamerikanischen Einheiten im Westen den Rhein überquert hatten.

In dieser militärisch aussichtslosen Lage suchte Goebbels schließlich Zuflucht bei dem Mann, dem er seit Mitte der 1920er Jahre bedingungslos gefolgt war. Obwohl Hitler körperlich und psychisch immer stärker abbaute, pries Goebbels ihn in seiner letzten Geburtstagsansprache vom 19. April 1945 als *Mann des Jahrhunderts […] der sich selbst treu blieb, der nicht um billiger Konjunkturen willen seinen Glauben und seine Ideale verkaufte und verriet, der immer unbeirrt seinen geraden Weg fortsetzte, einem Ziel entgegen, das heute zwar unsichtbar hinter den Trümmerbergen liegt, die unsere haßerfüllten Feinde auf den blühenden Fluren unseres ehemals so glücklichen Kontinents errichteten, das aber doch wieder strahlend vor unseren schmerzbrennenden Augen erscheinen wird, wenn wir sie einmal überschritten haben*[315].

Bei dieser letzten Rede ging es ihm nicht mehr darum, die Deutschen in ihrem Abwehrkampf zu bestärken, sondern vielmehr den «Führer» in Berlin zu halten. Schließlich überzeugte er ihn davon, dem nahenden Ende gemeinsam in der Reichshauptstadt zu trotzen. Während Himmler, Göring und viele andere hochrangige Funktionsträger alsbald die brennende Stadt verließen, zog er am 22. April 1945 mit seiner Frau und seinen sechs Kindern demonstrativ zu Hitler in den Bunker unter der Reichskanzlei. Zuvor hatte er über den Äther bereits verkündet: *Ich bleibe mit meinen Mitarbeitern selbstverständlich in Berlin, auch meine Frau und meine Kinder sind hier und bleiben hier.*[316]

Goebbels und die anderen rechneten nun stündlich mit dem

BERLINER MORGENPOST

Wöchentlich 50 Pf. Einzeln 10 Pf.

Sonntag, 22. April 1945 — Vereinigt während des Krieges mit Berliner Lokal-Anzeiger — 47. Jahrgang – Nr. 96

Reichsminister Dr. Goebbels an die Berliner Bevölkerung

Berlin ist zum Entscheidungskampf angetreten
Die Reichshauptstadt unter dem Gesetz der Front

Der neue Mongolensturm muß sich an unseren Mauern brechen
Der Kampf geht für Freiheit und Zukunft, für unsere Frauen und Kinder

Die Reichshauptstadt, die schon seit vielen Monaten unter den harten Gesetzen des Krieges lebt, ist nunmehr direkt zur Frontstadt geworden. Vor acht Tagen haben die Bolschewisten zu ihrem gewaltigen und mit einem wahrhaft ungeheuerlichen Material- unterstützten großen Schlag an der Oder ausgeholt. Sie haben für diesen Stoß stärkere Konzentrationen von Menschen und Material vorgenommen, als je zuvor. Der Sinn ist völlig eindeutig. Der Kreml will Berlin erobern, und er will damit das Programm der Ausdehnung des Bolschewismus über Europa in einer ersten großen und wichtigen Etappe beenden. Berlin soll den Bolschewisten in dem politischen Spiel der Alliierten als wesentliche Trumpfkarte dienen. Damit ist aber der Kampf über die Reichshauptstadt hinausgewachsen und zu einem Kampf um Europa überhaupt geworden.

Unsere Divisionen haben zusammen mit den Volkssturmmännern vom Beginn der sowjetischen Großoffensive an den Bolschewisten …

Einführung des Alarmsignals „Feindalarm"

Berlin, 21. April

Zur Warnung vor feindlichen Luftlandeoperationen und Fallschirmspringern wurde im Heimatkriegsgebiet das Alarmsignal „Feindalarm" eingeführt. Es gilt der Alarmierung aller militärischen Streitkräfte.

Das gleiche Signal wird im Reichsverteidigungsbezirk Berlin gegeben, wenn sowjetische Panzer oder motorisierte Einheiten in die Reichshauptstadt eindringen wollen.

Dieses Signal besteht aus einem drei Minuten lang währenden Sirenenheulen und unterscheidet sich durch seine lange und eindringliche Dauer deutlich von den Fliegeralarmen.

Für die Bevölkerung ist es ohne Bedeutung.

„Feindalarm" ist das Zeichen zum schlagartigen Aufgebot aller männlichen Verteidigungskräfte einschließlich des Volkssturms. Nach Ertönen dieses Signals begeben sich die bereits eingesetzten Kräfte in die ihnen zugewiesenen Gefechtsräume bzw. auf ihre Gefechtsstände.

Berliner Notprogramm in Kraft gesetzt

Der Reichsverteidigungskommissar für den Reichsverteidigungsbezirk Berlin hat mit sofortiger Wirkung das „Berliner Notprogramm" in Kraft gesetzt. Sinn und Zweck dieses Notprogramms bestehen darin, das gesamte Wirtschaftsleben auf die bestehenden Versorgungsmöglichkeiten und Fertigungsmöglichkeiten auszurichten. Die in Betracht kommenden Betriebe werden durch ihre betreffenden Dienststellen über ihre Aufgaben im „Berliner Notprogramm" durch besondere Schreiben unterrichtet.

… richten. Sie sind hemmungslos in ihrer Vernichtungswut gegenüber allem, was deutsch ist. Diesem neuen Mongolensturm gegenüber darf es keine Schwäche und keine Weichheit geben. Wir führen jetzt einen Krieg ohne Gnade gegen jene, die deutsche Frauen schänden oder in sowjetische Frontbordelle schicken wollen, die unsere Kinder quälen und morden, Millionen Männer durch Genickschuß liquidieren und den Rest als Arbeitssklaven in die Zwangsarbeitslager der Sowjetunion schleppen wollen.

Die Stunde der Bewährung ist da

Dr. Goebbels fuhr dann fort: Verteidiger Berlins! Auf euch sind die Blicke eurer Frauen, eurer Mütter und eurer Kinder gerichtet. Sie haben euch ihr Leben, ihr Glück, ihre Gesundheit und ihre Zukunft anvertraut. Ihr kennt …

Ein an die Berliner Bevölkerung gerichteter Artikel von Joseph Goebbels in der letzten Ausgabe der «Berliner Morgenpost», 22. April 1945

baldigen Ende. Seinen Kindern erlaubte er, nur jeweils ein Spielzeug und die nötigsten Schlafsachen in das sechs Meter tief liegende Verlies mitzunehmen. Zu Hitlers Sekretärin Traudl Junge sagte er noch, mehr sei jetzt *nicht mehr nötig*[317]. Da sich der verbissene «Kampf um Berlin» wider Erwarten hinzog, gefiel sich Goebbels bei den längst sinnlos gewordenen Lagebesprechungen abermals in phantastischen Prophezeiungen vom Zusammenbruch der Feindeskoalition. Allerdings gelang es ihm damit kaum noch, den längst resignierten Hitler und sich selbst wirklich aufzumuntern. Die letzten Hoffnungsfunken erloschen innerhalb einer Woche im Donner des Artilleriefeuers, das die Bunkerinsassen nun immer lauter vernahmen.

Als am Abend des 28. April die Nachricht eintraf, dass die Russen kurz vor dem Regierungsviertel stünden und die eigenen Truppen unter dem Befehl von General Walther Wenck den Eingeschlossenen nicht mehr helfen könnten, richteten sowohl Hitler als auch Goebbels ihren Blick nicht mehr aufs grausame

Diesseits, sondern begannen, an ihrem eigenen Nachruhm zu arbeiten. Bereits ahnend, wie die Welt ihre Verbrechen darstellen würde, glaubte Goebbels in einem Abschiedsbrief an seinen Stiefsohn Harald Quandt sich davon reinwaschen zu können: *Die Lügen werden eines Tages in sich zusammenbrechen und über ihnen wird wieder die Wahrheit triumphieren. Es wird die Stunde kommen, da wir über allem stehen, rein und makellos, so wie unser Glaube und Streben immer gewesen ist.*[318]

Kein anderes Ziel als das des moralischen Selbstbetrugs verfolgte Hitler, als er in der Nacht des 29. April sein «Politisches Testament» aufsetzte. Hierin beteuerte er seine Unschuld, gab den Alliierten und seinen «unfähigen» Generälen die Schuld an der Katastrophe und entließ in einem letzten Herrschaftsakt die abtrünnigen Weggenossen Göring und Himmler unehrenhaft aus der Partei. Nach Hitlers Letztem Willen sollte Goebbels weiterleben und politisch weiterwirken – und zwar als zukünftiger Reichskanzler mit Großadmiral Karl Dönitz als Reichspräsident und Chefsekretär Martin Bormann als Parteiminister an der Seite. In letzter Minute wurde Goebbels für seine bedingungslose Treue doch noch belohnt.

Natürlich wusste er, dass mit diesem Amt keine politischen Meriten mehr zu gewinnen waren. Wichtig war ihm nur noch, wie ihn die Nachwelt in Erinnerung behalten sollte: als Vorbild für kommende Generationen und als Hitlers treuesten Gefolgsmann. So wie er es in seinen «letzten Worten» darstellte, die er Hitlers Testament beilegte. Für die Treue bis in den Tod und den eingebildeten Nachruhm war er jetzt sogar bereit, dessen letztem Wunsch zu widersprechen: *Zum erstenmal in meinem Leben muß ich mich kategorisch weigern, einem Befehl des Führers Folge zu leisten. Meine Frau und meine Kinder schließen sich dieser Weigerung an. Im anderen Falle würde ich mir selbst – abgesehen davon, daß wir es aus menschlichen Gründen und solchen der persönlichen Treue niemals über das Herz bringen könnten, den Führer in seiner schwersten Stunde allein zu lassen – für mein ganzes ferneres Leben als ein ehrloser Abtrünnling und gemeiner Schuft vorkommen, der mit der Achtung vor sich selbst auch die Achtung seines Volkes verlöre, die die Voraussetzung eines weiteren Dienstes meiner Person an der Zukunftsgestaltung der deutschen Nation und des Deutschen Reiches bilden müßte. In dem Delirium von*

Verrat, das in diesen kritischsten Tagen des Krieges den Führer umgibt, muß es wenigstens einige geben, die bedingungslos und bis zum Tode zu ihm halten, auch wenn das einem formalen, sachlich noch so begründeten Befehl, den er in seinem politischen Testament zum Ausdruck bringt, widerspricht. Ich glaube, damit dem deutschen Volk für die Zukunft den besten Dienst zu erweisen, denn für die kommenden schweren Zeiten sind Vorbilder noch wichtiger als Männer. Männer werden sich immer finden, die der Nation den Weg ins Freie zeigen. Aber eine Neubildung unseres völkisch-nationalen Lebens wäre unmöglich, wenn sie sich nicht auf der Grundlage klarer und jedem verständlicher Vorbilder entwickelte. Aus diesem Grunde bringe ich mit meiner Frau und im Namen meiner Kinder, die zu jung sind, um sich selbst äußern zu können, die sich aber, wenn sie das nötige Alter dazu besäßen, vorbehaltlos dieser Entscheidung anschließen würden, meinen unverrückbaren Entschluß zum Ausdruck, die Reichshauptstadt, auch wenn sie fällt, nicht zu verlassen und eher an der Seite des Führers ein Leben zu beenden, das für mich persönlich keinen Wert mehr besitzt, wenn ich es nicht im Dienst für den Führer und an seiner Seite zum Einsatz bringen kann.[319]

Mit diesem Treueschwur entzog er sich auf ebenso selbstgerechte wie anmaßende Weise aus seiner politischen Verantwortung und klammerte sich bis zuletzt an Hitler. Den Kurieren, die Hitlers Testament samt seiner eigenen Rechtfertigungsschrift aus der Hauptstadt bringen sollten, schärfte er angeblich noch ein: *Als wichtig haben Sie im Auge zu behalten, daß diese Papiere dazu bestimmt sind, aus geschichtlichen Gründen veröffentlicht zu werden.*[320]

Den großspurigen Worten folgten alsbald die letzten Taten. Nach längerem Zögern beging Hitler – die Detonationen der russischen Einschläge deutlich im Ohr – am 30. April um 15.30 Uhr gemeinsam mit seiner kurz zuvor angetrauten Freundin Eva Braun Selbstmord. Als man ihn mit einer Schusswunde im Kopf, sie mit einer zerbissenen Zyankalikapsel im Mund entdeckte, war Goebbels nach Augenzeugenberichten sichtlich schockiert. Einst hatte er noch getönt: *Sterben, das können wir fabelhaft.*[321] Jetzt, wo er in der selbstgewählten Pflicht stand, Hitler in den Tod zu folgen, hoffte er noch, ein allerletztes Wunder herbeiführen zu können. Nichts anderes hätte es bedeutet, wenn Stalin auf die von ihm in letzter Minute angebotenen *Friedensverhandlungen zwischen den zwei Staaten, die die größten Kriegsverluste zu verzeich-*

nen hatten[322], eingegangen wäre. Freilich bestanden die Sowjets so kurz vor der vollständigen Eroberung Berlins auf der bedingungslosen Kapitulation. Obwohl Goebbels mit dieser Nachricht hatte rechnen müssen, soll er erzürnt gesagt haben: *Die wenigen Stunden, die ich noch als deutscher Reichskanzler zu leben habe, werde ich nicht dazu benutzen, meine Unterschrift unter eine Kapitulationsurkunde zu setzen.*[323]

Am Nachmittag des 1. Mai 1945 hatte Goebbels innerlich endgültig kapituliert. Sein über zwanzig Jahre lang geführtes Tagebuch schloss er wohl mit rechtfertigenden und rechthaberischen Sentenzen. Auch diese, leider verschollenen Seiten sollten den Bunker verlassen, um den Deutschen seine wahre historische Größe und Treue vor Augen zu führen. Im Gedächtnis der Nachwelt brannte sich jedoch ein ganz anderes Bild von ihm ein: das des «Dämons» und «Verführers». Man erinnert sich seiner als eines Machtmenschen, der skrupellos und opportunistisch seine Ziele verfolgte. Und mit seiner geschickt inszenierten Propaganda

Ein deutscher Kriegsgefangener zeigt sowjetischen Offizieren im Hof der Reichskanzlei den toten Joseph Goebbels, Mai 1945.

Hitler zum «Führer» aufbaute, dem die Menschen in den totalen Krieg folgten.

Aber auch Goebbels wollte bewundert und als Vorbild anerkannt werden. Hinter der von ihm aufpolierten Fassade verbarg sich ein ebenso eitler wie ehrgeiziger, ein ebenso schwärmerischer wie rationaler, ein ebenso liebebedürftiger wie hasserfüllter und ein ebenso feiger wie mutiger Charakter. Goebbels war eine Persönlichkeit, die ihre inneren Widersprüche nur im Glauben an einen Erlöser und die eigenen Erfolge zu ertragen vermochte und die ihre überdurchschnittliche Intelligenz darauf verwendete, Hitler, den Deutschen und natürlich sich selbst zu imponieren.

Mit dem letzten Akt seiner Selbstinszenierung imponierte er niemandem mehr. Dass seine nicht minder fatalistische Ehefrau im beiderseitigen Einvernehmen ihren sechs zuvor betäubten Kindern Zyankalikapseln im Mund ausdrückte und sie mit in den Tod riss, hat die Nachwelt fast noch schwerer erschüttert als Goebbels' sonstige Schuld. Am Abend des 1. Mai 1945 verließ Goebbels gemeinsam mit seiner Frau den Bunker, um sich im Garten der Reichskanzlei mit einer Pistole zu töten und anschließend verbrennen zu lassen. Für die Leichen der Familie Goebbels interessierten sich nur noch die Rotarmisten, die am folgenden Tag die Reichskanzlei stürmten. Bis heute fehlt jede Spur von den verkohlten Gebeinen Goebbels'. Doch sind die Spuren, die er zu seinen Lebzeiten hinterlassen hat, im kollektiven Gedächtnis der Deutschen immer noch präsent. *Wir werden als die größten Staatsmänner aller Zeiten, oder als die größten Verbrecher in die Geschichte eingehen*[324], hatte er einmal prophezeit. Mit Letzterem sollte er schließlich recht behalten.

Anmerkungen

Die Tagebucheintragungen von Joseph Goebbels werden nach der 29-bändigen, von Elke Fröhlich herausgegebenen Edition zitiert (Abk.: TB) und mit dem jeweiligen Datum versehen. Lediglich für die im Sommer 1924 von Goebbels aus dem Gedächtnis notierten «Erinnerungsblätter» wurde auf die ältere vierbändige, ebenfalls von Elke Fröhlich herausgegebene Edition der «Tagebücher von Joseph Goebbels» zurückgegriffen. Zeitungsbeiträge von Joseph Goebbels werden ausschließlich mit dem Titel des Periodikums und dem Erscheinungsdatum des Artikels angegeben. Goebbels' eigenständige Publikationen werden nur mit Titel und Seitenzahl zitiert. Häufig zitierte Werke werden mit Siglen abgekürzt. Die Buchtitel hinter den Siglen sind der Bibliographie zu entnehmen:
GR 1 u. 2: Goebbels-Reden 1932–1945
HF: Heinrich Fraenkel
HH: Helmut Heiber
NF: Norbert Frei
RGR: Ralf Georg Reuth
VR: Viktor Reimann

1 TB vom 4. 7. 1924.
2 TB vom 13. 8. 1924.
3 Vgl. auch Claus-Ekkehard Bärsch: Erlösung und Vernichtung. Paderborn 2004.
4 Völkische Freiheit vom 15. 11. 1924.
5 Vgl. Erwin Barth: Joseph Goebbels und die Formierung des Führer-Mythos 1917 bis 1934. Erlangen 1999.
6 Lenin oder Hitler, S. 4.
7 TB vom 21. 11. 1928.
8 TB vom 24. 7. 1926.
9 Vgl. Ulrich Höver: Der junge Goebbels. Ein nationaler Sozialist. Paderborn 1992.
10 Vgl. Bernd Sösemann: Inszenierungen für die Nachwelt. In: Historische Zeitschrift, Sonderheft 16, 1992, S. 1–45.
11 Erinnerungsblätter, S. 1.
12 TB vom 8. 12. 1929.
13 Ebd.
14 Zit. nach RGR, S. 13.
15 TB vom 5. 7. 1935.
16 Zit. nach Ernest K. Bramsted: Goebbels and National Socialist Propaganda. East Lansing 1965, S. 4.
17 TB vom 30. 8. 1924.
18 Erinnerungsblätter, S. 2.
19 Ebd.
20 Zit. nach Kai Michel: Vom Poeten zum Demagogen. Köln 1999, S. 51.
21 Zit. nach RGR, S. 19.
22 Zit. nach HH, S. 14.
23 Zit. nach Kai Michel: Vom Poeten zum Demagogen. Köln 1999, S. 51.
24 Erinnerungsblätter, S. 3.
25 Zit. nach RGR, S. 20.
26 Zit. nach ebd., S. 26.
27 Zit. nach ebd., S. 27.
28 TB vom 25. 4. 1933 (Vom Kaiserhof zur Reichskanzlei), S. 303.
29 Zit. nach RGR, S. 31.
30 Zit. nach HF, S. 32 f.
31 Zit. nach RGR, S. 32.
32 Zit. nach ebd.
33 Erinnerungsblätter, S. 8.
34 Ebd., S. 8 f.
35 Zit. nach Wilfred von Oven: Finale Furioso. Tübingen 1974, S. 287.
36 Zit. nach RGR, S. 34.
37 Erinnerungsblätter, S. 16.
38 Zit. nach HF, S. 38.
39 Zit. nach RGR, S. 37.
40 Zit. nach ebd., S. 39.
41 Ebd.
42 Zit. nach ebd., S. 40.
43 Vgl. Kai Michel: Vom Poeten zum Demagogen. Köln 1999, S. 49–66.
44 Zit. nach ebd., S. 42.
45 Zit. nach ebd., S. 45.
46 Zit. nach ebd., S. 49.
47 Erinnerungsblätter, S. 23.
48 Zit. nach Erwin Barth: Joseph Goebbels und die Formierung des Führer-Mythos 1917 bis 1934. Erlangen 1999, S. 26.
49 Zit. nach RGR, S. 53 f.
50 Zit. nach ebd., S. 54.
51 Zit. nach ebd., S. 63.
52 Erinnerungsblätter, S. 26.
53 Ebd.

54 Zit. nach Rüdiger Jungbluth: Die Quandts. Gütersloh 2002, S. 112.
55 Michael, S. 138 f.
56 Ebd., S. 114 f.
57 Ebd., S. 42.
58 Zit. nach HF, S. 52
59 Zit. nach Anja Klabunde: Magda Goebbels. München 1999, S. 105.
60 TB vom 30. 6. 1924.
61 TB vom 20. 8. 1924.
62 Zit. nach HF, S. 73.
63 TB vom 27. 9. 1924.
64 Völkische Freiheit vom 20. 9. 1924.
65 Ebd.
66 Völkische Freiheit vom 15. 11. 1924.
67 Völkische Freiheit vom 20. 12. 1924.
68 TB vom 14. 10. 1925.
69 TB vom 6. 11. 1925.
70 Ebd.
71 TB vom 11. 9. 1925.
72 TB vom 11. 2. 1926.
73 TB vom 15. 2. 1926.
74 Ebd.
75 TB vom 13. 4. 1926.
76 Ebd.
77 Wege ins Dritte Reich, S. 47 f.
78 TB vom 24. 7. 1926.
79 TB vom 10. 6. 1926.
80 TB vom 30. 10. 1926.
81 TB vom 1. 11. 1926.
82 TB vom 18. 10. 1926.
83 Das erwachende Berlin, S. 11.
84 Vgl. Thomas Friedrich: Die missbrauchte Hauptstadt. Berlin 2007, S. 113–150.
85 Kampf um Berlin, S. 23.
86 Ebd., S. 46.
87 Signale der neuen Zeit, S. 42.
88 Zit. nach RGR, S. 114.
89 Zit. nach HF, S. 127.
90 TB vom 30. 8. 1929.
91 Zit. nach Dietz Bering: Kampf um Namen. Stuttgart 1991, S. 138.
92 Kampf um Berlin, S. 156.
93 Ebd., S. 138.
94 Der Angriff vom 14. 5. 1928.
95 TB vom 21. 5. 1928.
96 Zit. nach RGR, S. 139.
97 Zit. nach Karl-Dietrich Bracher u. a.: Die nationalsozialistische Machtergreifung. Köln 1960, S. 21.
98 TB vom 13. 6. 1928.
99 Der Angriff, S. 294.
100 Der Angriff vom 22. 6. 1930.
101 Zit. nach Vossische Zeitung vom 14. 10. 1930.
102 Zit. nach RGR, S. 187.
103 Zit. nach Thomas Friedrich: Die missbrauchte Hauptstadt. Berlin 2007, S. 281.
104 Zit. nach ebd.
105 TB vom 29. 3. 1931.
106 TB vom 7. 11. 1930.
107 TB vom 23. 2. 1932.
108 TB vom 13. 3. 1932 (Vom Kaiserhof zur Reichskanzlei), S. 62.
109 TB vom 23. 4. 1932.
110 TB vom 25. 4. 1932 (Vom Kaiserhof zur Reichskanzlei), S. 87.
111 TB vom 18. 5. 1932.
112 TB vom 30. 5. 1932.
113 TB vom 14. 6. 1932.
114 TB vom 1. 8. 1932.
115 Ebd.
116 TB vom 5. 8. 1932.
117 TB vom 11. 11. 1932.
118 Der Angriff vom 12. 12. 1932.
119 GR 1, S. 62 f.
120 TB vom 3. 2. 1933.
121 TB vom 21. 2. 1933 (Vom Kaiserhof zur Reichskanzlei), S. 267.
122 Zit. nach HH, S. 118.
123 TB vom 5. 3. 1933 (Vom Kaiserhof zur Reichskanzlei), S. 275.
124 Zit. nach RGR, S. 269.
125 Gerd Albrecht: Der Film im 3. Reich. Karlsruhe 1979, S. 76 f.
126 Zit. nach HH, S. 127.
127 GR 1, S. 232.
128 Zit. nach HH, S. 128.
129 Zit. nach ebd., S. 131.
130 TB vom 18. 4. 1933 (Vom Kaiserhof zur Reichskanzlei), S. 3.
131 Zit. nach Ansgar Diller: Rundfunkpolitik im Dritten Reich. München 1980, S. 89.
132 TB vom 23. 10. 1943.
133 GR 1, S. 232.
134 Vgl. Hans-Dieter Schäfer: Das gespaltene Bewußtsein. München 1981.

135 Zit. nach HF, S. 192.
136 Signale der neuen Zeit, S. 236.
137 Zit. nach Ernest K. Bramsted: Goebbels und die nationalsozialistische Propaganda 1925–1945. Frankfurt a. M. 1971, S. 216.
138 Signale der neuen Zeit, S. 270.
139 TB vom 27. 9. 1933
140 André François-Poncet: Botschafter in Berlin 1931–1938. Berlin 1962, S. 304.
141 TB vom 29. 6. 1934.
142 Der Angriff vom 2. 7. 1934.
143 Signale der neuen Zeit, S. 143.
144 Zit. nach RGR, S. 328.
145 Rundfunkrede vom 20. 4. 1935.
146 Völkischer Beobachter vom 20. 4. 1936.
147 TB vom 2. 3. 1936.
148 TB vom 27. 10. 1936.
149 TB vom 23. 7. 1938.
150 TB vom 25. 7. 1938.
151 Völkischer Beobachter vom 21. 4. 1938.
152 Zit. nach NF, S. 30.
153 Zit. nach Joseph Wulf: Presse und Funk im Dritten Reich. Gütersloh 1964, S. 64 f.
154 Zit. nach ebd., S. 89 f.
155 Zit. nach Karl-Dietrich Abel: Presselenkung im NS-Staat. Berlin 1968, S. 61.
156 Zit. nach NF, S. 34.
157 Zit. nach Werner Stephan: Joseph Goebbels. Stuttgart 1949, S. 160.
158 Zit. nach ebd., S. 156 f.
159 Zit. nach Ansgar Diller: Rundfunkpolitik im Dritten Reich. München 1980, S. 144.
160 Zit. nach ebd., S. 145.
161 Zit. nach HH, S. 161.
162 Die Zeit ohne Beispiel, S. 507.
163 Zit. nach NF, S. 91.
164 Zit. nach Peter Bucher: Goebbels und die Wochenschau. In: Militärgeschichtliche Mitteilungen, 1986, S. 53–69, hier S. 55.
165 Zit. nach ebd.
166 Alle Zitate bei Ansgar Diller: Rundfunkpolitik im Dritten Reich. München 1980, S. 187.
167 Zit. nach Gerd Albrecht: Nationalsozialistische Filmpolitik. Stuttgart 1969, S. 472.
168 TB vom 30. 6. 1928.
169 Zit. nach Gerd Albrecht: Nationalsozialistische Filmpolitik. Stuttgart 1969, S. 439.
170 Zit. nach Otto Kriegk: Der deutsche Film im Spiegel der Ufa. Berlin 1943, S. 190.
171 TB vom 27. 10. 1936.
172 TB vom 23. 3. 1937.
173 Zit. nach Felix Moeller: Der Filmminister. Berlin 1998, S. 101 (FN 60).
174 Zit. nach ebd., S. 104.
175 TB vom 5. 7. 1935.
176 Zit. nach Gerd Albrecht: Nationalsozialistische Filmpolitik. Stuttgart 1969, S. 456.
177 TB vom 11. 12. 1939.
178 TB vom 18. 8. 1940.
179 TB vom 6. 9. 1941.
180 TB vom 23. 3. 1943.
181 TB vom 3. 12. 1944.
182 Zit. nach HH, S. 173.
183 GR 1, S. 131 f.
184 Zit. nach VR, S. 210.
185 Völkischer Beobachter vom 28. 11. 1936.
186 Zit. nach HH, S. 194.
187 Zit. nach Dietrich Strothmann: Nationalsozialistische Literaturpolitik. Bonn 1960, S. 78.
188 TB vom 5. 12. 1925.
189 Zit. nach HH, S. 194.
190 Zit. nach VR, S. 210.
191 Vgl. Hildegard Brenner: Die Kunstpolitik des Nationalsozialismus. Reinbek 1963, S. 95–106.
192 Vgl. Henning Rischbieter (Hg.): Theater im «Dritten Reich». Seelze-Velber 2000.
193 Zit. nach HH, S. 175.
194 Zit. nach VR, S. 214.
195 Zit. nach ebd., S. 190.
196 Zit. nach ebd., S. 191.
197 Zit. nach ebd., S. 192.
198 Zit. nach Giselher Schubert: Paul Hindemith. Reinbek [3]1990, S. 86.
199 Zit. nach Joseph Wulf: Musik im Dritten Reich. Gütersloh 1963, S. 378.
200 Zit. nach RGR, S. 322.
201 Zit. nach Hildegard Brenner: Die

Kunstpolitik des Nationalsozialismus. Reinbek 1963, S. 199.
202 Vgl. dazu Albrecht Dümling: Norm und Diskriminierung. Die Reichsmusiktage 1938 in Düsseldorf und die Ausstellung «Entartete Musik». In: Stiftung Schloss Neuhardenberg (Hg.): Das «Dritte Reich» und die Musik. Berlin 2006, S. 105 f.
203 Zit. nach ebd.
204 Das eherne Herz, S. 231.
205 Ebd.
206 Zit. nach VR, S. 188.
207 Zit. nach ebd., S. 186 f.
208 TB vom 30. 6. 1937.
209 GR 1, S. 139.
210 TB vom 24. 6. 1936.
211 Zit. nach Christian T. Barth: Goebbels und die Juden. Paderborn 2003, S. 266.
212 Zit. nach ebd., S. 38.
213 TB vom 4. 7. 1924.
214 Der Angriff vom 11. 3. 1929.
215 Der Angriff vom 4. 6. 1928.
216 TB vom 13. 3. 1932 (4-bändige TB-Ausgabe).
217 Zit. nach Wilfred von Oven: Wer war Goebbels? München 1987, S. 122.
218 Zit. nach Christian T. Barth: Goebbels und die Juden. Paderborn 2003, S. 97 (FN 89).
219 TB vom 11. 6. 1938.
220 TB vom 10. 11. 1938.
221 GR 1, S. 319.
222 TB vom 2. 11. 1939.
223 TB vom 18. 4. 1943.
224 TB vom 27. 3. 1942.
225 GR 2, S. 182 f.
226 TB vom 7. 10. 1943.
227 TB vom 2. 3. 1943.
228 Zit. nach Wilfred von Oven: Wer war Goebbels? München 1987, S. 309.
229 TB vom 9. 4. 1926.
230 Zit. nach RGR, S. 43.
231 Zit. nach ebd., S. 48.
232 Zit. nach Elke Fröhlich: Die Tagebücher von Joseph Goebbels. Sämtliche Fragmente, Bd. 1, S. 21.
233 Zit. nach HH, S. 29.
234 Zit. nach Elke Fröhlich: Die Tagebücher von Joseph Goebbels. Sämtliche Fragmente, Bd. 1, S. 21.
235 TB vom 26. 5. 1924.
236 TB vom 25. 7. 1924.
237 TB vom 12. 6. 1926.
238 TB vom 15. 7. 1924.
239 Vgl. Anja Klabunde: Magda Goebbels. München 1999, S. 120 f.
240 TB vom 7. 11. 1930.
241 TB vom 15. 2. 1931.
242 TB vom 15. 3. 1931.
243 Zit. nach HH, S. 36.
244 TB vom 3. 5. 1936.
245 TB vom 10. 5. 1936.
246 Ebd.
247 TB vom 24. 10. 1938.
248 Zit. nach RGR, S. 23 (Schulaufsatz vom 27. 11. 1914).
249 TB vom 8. 3. 1935, und: Das eherne Herz, S. 49.
250 Zit. nach HH, S. 262.
251 TB vom 1. 9. 1939.
252 TB vom 5. 11. 1939.
253 Zit. nach HH, S. 269.
254 TB vom 9. 10. 1939.
255 Zit. nach HH, S. 270.
256 TB vom 5. 9. 1940.
257 TB vom 9. 8. 1940.
258 TB vom 29. 3. 1941.
259 TB vom 16. 6. 1941.
260 Willi A. Boelcke (Hg.): «Wollt ihr den totalen Krieg?» Die geheimen Goebbels-Konferenzen 1939–1943. Stuttgart 1967, S. 236.
261 TB vom 5. 7. 1941.
262 Das Reich vom 6. 7. 1941.
263 TB vom 23. 6. 1941.
264 TB vom 30. 6. 1941.
265 TB vom 1. 7. 1941.
266 TB vom 1. 11. 1941.
267 Willi A. Boelcke (Hg.): «Wollt ihr den totalen Krieg?» Die geheimen Goebbels-Konferenzen 1939–1943. Stuttgart 1967, S. 200.
268 Ebd., S. 316.
269 GR 2, S. 178.
270 Ebd., S. 173.
271 Ebd., S. 185.
272 Ebd., S. 187.
273 Ebd., S. 188.
274 Ebd., S. 205.
275 TB vom 19. 2. 1943.
276 GR 2, S. 208 (FN 99).
277 TB vom 21. 9. 1943.

278 TB vom 23. 9. 1943.
279 Zit. nach HF, S. 295.
280 Zit. nach VR, S. 322.
281 Zit. nach ebd.
282 Zit. nach Wilfred von Oven: Finale Furioso. Tübingen 1974, S. 316.
283 TB vom 18. 6. 1944.
284 Ebd.
285 TB vom 22. 6. 1944.
286 Ebd.
287 Ebd.
288 Ebd.
289 TB vom 9. 7. 1944.
290 Vgl. Peter Longerich: Joseph Goebbels und der Totale Krieg. In: Vierteljahrshefte für Zeitgeschichte, 1987, S. 289–314.
291 GR 2, S. 322.
292 Albert Speer: Erinnerungen. Stuttgart 1969, S. 393.
293 TB vom 23. 7. 1944.
294 Zit. nach Albert Speer: Erinnerungen. Stuttgart 1969, S. 398.
295 TB vom 23. 7. 1944.
296 GR 2, S. 343.
297 TB vom 23. 7. 1944.
298 Ebd.
299 Zit. nach HH, S. 320.
300 Zit. nach ebd., S. 319.
301 TB vom 2. 9. 1944.
302 TB vom 29. 10. 1944.
303 TB vom 4. 12. 1944.
304 Vgl. Frank-Lothar Kroll: Utopie als Ideologie. Paderborn 1998.
305 GR 2, S. 414.
306 Ebd., S. 410.
307 Ebd., S. 453.
308 TB vom 4. 12. 1944.
309 Zit. nach VR, S. 339.
310 GR 2, S. 446.
311 TB vom 4. 3. 1945.
312 Zit. nach Joachim Fest: Der Untergang. Reinbek 2003, S. 150.
313 Zit. nach Hildegard Springer: Es sprach Hans Fritzsche. Zürich 1948, S. 30.
314 GR 2, S. 447 f.
315 Ebd., S. 448.
316 Zit. nach VR, S. 348.
317 Zit. nach Joachim Fest: Der Untergang. Reinbek 2003, S. 81.
318 Zit. nach ebd., S. 170.
319 Zit. nach VR, S. 355.
320 Zit. nach HH, S. 366.
321 TB vom 5. 2. 1933.
322 Zit. nach Joachim Fest: Der Untergang. Reinbek 2003, S. 162.
323 Zit. nach ebd., S. 163.
324 Das Reich vom 14. 11. 1943.

Zeittafel

1897 29. Oktober: Joseph Paul Goebbels wird als dritter Sohn von Friedrich und Katharina Goebbels, geb. Odenhausen, in Rheydt (heute Mönchengladbach) geboren

1901 Knochenmarkentzündung am rechten Bein. Durch mehrere Operationen verkürzt sich das Bein und bleibt für immer gelähmt

1904 Besuch der Volksschule

1908 Besuch der Oberrealschule in Rheydt

1910 Erstkommunion

1912 Erste Gedichte

1914 Vom Militärdienst als «wehruntauglich» zurückgestellt

1915 Tod der Schwester Elisabeth

1916 Erste Liebesbeziehungen

1917 Abitur mit sehr guten Noten in Religion, Deutsch und Latein. Beginn des Studiums der Germanistik, Geschichte und Altphilologie in Bonn

1918 Studienaufenthalt in Freiburg. Goebbels lernt Anka Stalherm kennen. Abschluss der biblischen Tragödie *Judas Iscariot*. Studienaufenthalt in Würzburg

1919 Abschluss des sozialkritischen Dramas *Heinrich Kämpfert* und der autobiographischen Erzählung *Michael Voormann's Lehrjahre*

1920 Studium in München. Erholungsaufenthalt bei den Eltern. Abschluss des Arbeiterdramas *Die Saat*. Goebbels droht Anka aus Eifersucht mit Selbstmord

1921 Endgültige Trennung von Anka Stalherm. Abschluss des Germanistikstudiums an der Universität Heidelberg mit einer Promotion über den romantischen Dramatiker Heinrich Schütz (Note: rite superato – mit «ausreichend» bestanden). Rückkehr ins Elternhaus nach Rheydt

1922 Kleine literarische Arbeiten: Gedichte, Aufsätze, Vorträge, Essays, Dramen. Kleinere Beiträge für die «Westdeutsche Landeszeitung». Feste Liebesbeziehung zu der Lehrerin Else Janke

1923 2. Januar: Angestellter bei einer Dresdner-Bank-Filiale in Köln. Schreibt an seinem autobiographischen Roman *Michael*, der von verschiedenen Verlagen abgelehnt wird. Im September kündigt ihm die Bank wegen häufiger Fehlzeiten. 17. Oktober: Beginn regelmäßiger Tagebuchaufzeichnungen. Erfolglose Bewerbung als Redakteur bei der «Vossischen Zeitung»

1924 Erfolgslose Bewerbung als Redakteur beim «Berliner Tageblatt». Besuch des Vereinigungsparteitags von Deutschvölkischer Freiheitspartei und NSDAP zur «Nationalsozialistischen Freiheitsbewegung Großdeutschlands» in Weimar. 21. August: Gründung einer Gladbacher Ortsgruppe des Parteienbündnisses und ab 1. Oktober Schriftleiter des vom völkischen Reichstagsabgeordneten Friedrich Wiegershaus herausgegebenen Wochenblatts «Völkische Freiheit». Erste Auftritte als Parteiredner im Rheinland. In seinem Tagebuch erste Bekenntnisse zu Hitler

1925 Februar: Beitritt zur NSDAP. März: Wahl zum Geschäftsführer des Gaus Rheinland-Nord. Erste selbständige Propagandakampagnen mit Plakaten und Flugblättern. 10. September: Redakteur der von ihm initiierten und von Gregor Strasser herausgegebenen Zeitschrift «Nationalsozialistische Briefe». Erste persönliche Begegnungen mit Hitler

1926 14. Februar: Auf der Führertagung in Bamberg wird Goebbels' Glaube an Hitler kurzfristig erschüttert. Langsame Abkehr vom Strasser-Flügel und Wechsel auf Hitlers Seite. 28. Oktober: Ernennung zum Gauleiter von Berlin. Anfang November: Ankunft in Berlin. «Säuberung» und Neuorganisation der Berliner NSDAP

1927 Saal- und Straßenschlachten mit Kommunisten («Pharus-Schlacht», «Märkertag»). 5. Mai: Fünfmonatiges Rede- und elfmonatiges Parteiverbot in Berlin. 4. Juli: Erste Ausgabe des von ihm herausgegebenen Kampfblattes *Der Angriff* erscheint

1928 Prozesse wegen Beleidigung des Berliner Vizepolizeipräsidenten Bernhard Weiß («Isidorprozeß»). 4. Mai: Wahl zum Reichstagsabgeordneten der NSDAP.

1929 Der überarbeitete Roman *Michael. Ein deutsches Schicksal* erscheint Anfang des Jahres im Münchner Parteiverlag Eher. Hetzkampagne gegen den Young-Plan. 7. Dezember: Tod des Vaters

1930 Goebbels verbreitet Märtyrerlegende um den am 23. Februar ermordeten SA-Mann Horst Wessel. Machtkampf mit den Strasser-Brüdern. 26. April: Ernennung zum Reichspropagandachef der NSDAP. Arbeitslosenzahlen übersteigen die Dreimillionen-Grenze. 14. September: NSDAP wird zweitstärkste Fraktion im Reichstag. Zahlreiche Beleidigungsklagen gegen Goebbels anhängig. *Der Angriff* erscheint jetzt täglich. November: Goebbels lernt Magda Quandt kennen und stellt sie als Privatsekretärin ein. Dezember: Kampagne gegen den Antikriegsfilm «Im Westen nichts Neues»

1931 April: SA putscht in Berlin gegen Parteiführung («Stennes-Revolte»). Goebbels initiiert ein Judenpogrom auf dem Berliner Kurfürstendamm. 19. Dezember: Heirat mit Magda Quandt

1932 Februar bis April: Goebbels organisiert Hitlers Kandidatur zur Reichspräsidentenwahl. Über sechs Millionen Arbeitslose in Deutschland. April: Kurzfristiges Verbot von SA und SS. 31. Juli: NSDAP wird stärkste Fraktion im Reichstag. 1. September: Geburt der Tochter Helga. November: Goebbels initiiert gemeinsame Streikaktion mit der KPD. Deutliche Verluste bei den Reichstagswahlen am 6. November. Krisenstimmung in der NSDAP

1933 30. Januar: Hitler wird Reichskanzler. 27. Februar: Reichstagsbrand. 5. März: Absolute Mehrheit für die NSDAP und ihre Koalitionspartner bei den Reichstagswahlen. 14. März: Goebbels wird Minister für Volksaufklärung und Propaganda. 24. März: «Ermächtigungsgesetz». 1. April: Goebbels organisiert Boykott jüdischer Geschäfte. 10. Mai: Rede zur Bücherverbrennung auf dem Berliner Opernplatz. 30. Juni: Goebbels' Propagandaministerium erhält weitreichende Befugnisse. 22. September: Goebbels wird Präsident der neugeschaffenen Reichskulturkammer. Teilnahme an der Völkerbundsitzung in Genf. 4. Oktober: «Schriftleitergesetz» tritt in Kraft

1934 13. April: Geburt der Tochter Hilde. 30. Juni: Beteiligung an der Niederschlagung des «Röhm-Putsches». Konflikte mit Richard Strauss und Wilhelm Furtwängler über die Kunstpolitik

1935 13. Januar: Volksabstimmung an der Saar. Schwarze Liste verbotener Bücher erscheint. 16. März: Wiedereinführung der allgemeinen Wehrpflicht. Goebbels leitet «Entjudung» der Reichskulturkammer ein. September: Reichsparteitag der NSDAP beschließt die antisemitischen «Nürnberger Gesetze». 2. Oktober: Geburt des Sohnes Helmut

1936 7. März: Einmarsch deutscher Truppen ins entmilitarisierte Rheinland. Verkauf der Tagebuchrechte an den parteieigenen Eher Verlag. Kauf eines Grundstücks auf der Berliner Havelinsel Schwanenwerder und eines Landsitzes (Waldhof) am brandenburgischen Bogensee. 1. Juli: Beginn der Olympischen Sommerspiele, die Goebbels als «Friedensfest» inszeniert. Beginn der Liebesaffäre mit Lida Baarova. 26. November: Goebbels verbietet jede Kunstkritik und verlangt zukünftig «Kunstbetrachtung». Antibolschewistische und antiklerikale Propagandafeldzüge

1937 19. Februar: Geburt der Tochter Holde. 19. Juli: Eröffnung der Ausstellung «Entartete Kunst»

1938 13. März: «Anschluss» Österreichs. 5. Mai: Geburt der Tochter Hedda. 1. Oktober: Beginn des Einmarsches in das Sudetenland. Oktober: Hitler erzwingt von Goebbels die Trennung von seiner Geliebten Lida Baarova. 9./10. November: Goebbels organisiert die Reichspogromnacht. Juden wird der Besuch von Theatern, Kinos, Konzerten und Ausstellungen verboten

1939 20. März: Etwa 5000 «entartete» Kunstwerke werden am Rand von Berlin verbrannt. 1. September: Einmarsch in Polen und Abhörverbot für ausländische Sender. Beginn der geheimen Ministerkonferenzen im Propagandaministerium. Anfang November: Goebbels besichtigt auf einer Polen-Reise das jüdische Ghetto in Lodz

1940 Uraufführung des antisemitischen Propagandafilms «Der ewige Jude» und des Spielfilms «Jud Süß». 10. Mai: Beginn des Westfeldzugs (Einmarsch in Frankreich). Goebbels wird Leitartikler der neuen Wochenzeitung «Das Reich». Erste Bombenangriffe auf deutsche Städte und seinen Geburtsort Rheydt. 29. Oktober: Geburt der Tochter Heide

1941 22. Juni: Einmarsch in die Sowjetunion. Goebbels forciert die Deportation der Berliner Juden. Vermehrte Produktion von ablenkenden Unterhaltungsfilmen. Goebbels entwirft erste Pläne zur Mobilisierung der Heimatfront

1942 20. Januar: Wannsee-Konferenz. Goebbels drängt mehrfach auf Vollmachten zur totalen Kriegsführung im Innern. Dezember: Erfolgloser Attentatsversuch auf Goebbels

1943 Januar: Hitler ernennt «Dreierausschuss» zur Mobilisierung der Heimatfront, ohne Goebbels darin aufzunehmen. Vorsitzender des «Interministeriellen Ausschusses zur Behebung der Luftschäden». 2. Februar: Kapitulation der 6. Armee in Stalingrad. 18. Februar: Sportpalastrede «Wollt ihr den totalen Krieg?». 19. Mai: Goebbels meldet Berlin als «judenfrei»

1944 6. Juni: Landung der Alliierten in der Normandie. 20. Juli: Attentat auf Hitler. 25. Juli: Ernennung zum «Reichsbevollmächtigten für den totalen Kriegseinsatz». 24. August: Ankündigung von Sofortmaßnahmen zur totalen Kriegsführung. Einführung der 60-Stunden-Woche, Einberufung aller einsatzfähigen Männer und Frauen für den totalen Kriegseinsatz in der Wehrmacht und in den Rüstungsbetrieben

1945 30. Januar: Ernennung zum «Verteidiger von Berlin» und Uraufführung des Durchhaltefilms «Kolberg». Aufstellung von Frauenbataillonen in Berlin. Goebbels trägt sich mit Plänen zu einem Separatfrieden mit der Sowjetunion. 22. April: Einzug mit Frau und Kindern in den Führerbunker. 1. Mai: Gemeinsamer Selbstmord mit Magda, die zuvor ihre sechs Kinder mit Zyankalikapseln getötet hat

Zeugnisse

Fritz Hippler

Dr. Goebbels begegnete ich 1926 zum ersten Male – wenn auch nur per Distanz – als 17jähriger. Er war mit 29 Jahren gerade Gauleiter von Berlin geworden und erschien nicht nur meinem jugendlichen Gemüt als ein leibhaftiger Prophet, [...] dessen Gestalt die Not der Zeit zu verkörpern schien und dessen Stimme die Zuhörermassen zu jeder gewünschten Reaktion bringen konnte. Sein großer Kopf mit den glühenden Augen im hageren Gesicht war mir der Garant für den unbeugsamen Willen zu Revolution und Sozialismus.

Die Verstrickung. Düsseldorf 1981, S. 14

Ernst Rowohlt

Im Trubel [...] erblickte man unter anderem den Verleger Ernst Rowohlt und den Berliner Arbeiterführer Doktor Joseph Goebbels [...]. ‹Prost, mein lieber Goebbels, ich hoffe, daß ich das Vergnügen haben werde, Ihr nächstes Buch herausgeben zu dürfen.› Der Arbeiterführer lächelte sein berühmtes bestrickendes Lächeln und sagte dunkel: ‹Das hängt von den Prozenten ab, Herr Rowohlt.› Einige Gäste, in der deutschen Literatur der Gegenwart nicht allzu bewandert, mischten sich in das Gespräch ein und fragten mit staunendem Mund: ‹Aber hat denn Herr Doktor Goebbels schon ein Buch geschrieben? Davon wußten wir ja noch gar nichts!› Der Arbeiterführer winkte leicht mit der Faust ab, Rowohlt aber antwortete in seiner offenen Art: ‹Sollten Sie wirklich nicht den großen Bekenntnisroman des Pg. kennen, betitelt *Michael*, erschienen im Eher Verlag, München; kostet gebunden fünf Mark, wofür ich es nicht machen könnte.›

Heinz Pol in: «Die Weltbühne» (1931), S. 130f.

Victor Klemperer

Der Propagandaminister zeichnet immer «Dr. Goebbels». Er ist der Gebildete in der Regierung, d. h. der Viertelgebildete unter den Analphabeten. Merkwürdig verbreitet ist die Meinung von seiner geistigen Potenz; man nennt ihn oft «den Kopf» der Regierung. Welche Bescheidenheit der Ansprüche.

Ich will Zeugnis ablegen bis zum letzten. Tagebücher 1933–1941. Berlin 1995, S. 157

Otto Strasser

Alles bei Goebbels und an Goebbels war Intellekt, Überlegung und Berechnung. Er sezierte jede seiner Handlungen mit messerscharfem Verstand und schaltete sofort um, wenn er fühlte, daß er im Begriff war, Anstoß zu erregen. [...] In Breslau ging ich einmal mit ihm und dem schlesischen Gauleiter Brückner zu einer Versammlung. ‹Was für ein Publikum ist da?›, forschte Goebbels. ‹Welche Platte muß ich auflegen, die nationale, die soziale oder die sentimentale?› Er sah uns überlegen an und fügte lächelnd hinzu: ‹Ich habe sie nämlich alle in meinem Koffer.›

Mein Kampf. Eine politische Autobiographie. Frankfurt a. M. 1969, S. 30

Ernst Jünger

Man findet diese Stimmen bei Werbeleitern, ‹Verkaufskanonen›, die kommen, um komplizierte Versicherungen anzupreisen, und deren Besuch meist damit endet, daß man sich in langwierige Abzahlungsgeschäfte verwickelt sieht. Die Bilder waren leicht, doch wirkungsvoll vergröbert, wie ‹Stirn und Faust›, statt ‹Kopf und Hand›. Das Ganze lag über dem Niveau der Zuhörer, aber nicht über ihrer Fassungskraft.

Strahlungen II. Stuttgart 1979, S. 442

Ernst Niekisch
Geistig war er bis zur Aalglätte geschult; aber es steckte wenig Substanz hinter ihm. [...] Er war der Exponent einer Zeit, die in nihilistischer Ungebundenheit keinen Augenblick zögerte, auch die höchsten Güter und Werte um eines Augenblickerfolges willen auszuspielen und zu verkitschen.
Erinnerungen eines Revolutionärs. Köln 1974, S. 276

Albert Krebs
Überaus klug und vielseitig gebildet, überragte er nicht nur alle übrigen nationalsozialistischen Politiker, sondern auch die meisten seiner übrigen Zeitgenossen. Zweifellos hätte er auch außerhalb des politischen Bereiches sich eine hervorragende Position als Journalist, Regisseur, Schriftsteller oder Wissenschaftler erwerben können. [...] Das Dämonische, das seiner Erscheinung zweifellos anhaftet, gehört zur Zeit und zum Typ und kann in jedem Augenblick, heute oder morgen, wieder existent werden.
Tendenzen und Gestalten der NSDAP. Stuttgart 1959, S. 163

Kurt Tucholsky
Mit dein Klumpfuß – seh mal, bein andern
da sacht ich nischt; det kann ja jeda ham.
Du wißt als Recke durch die Jejend wandern
un passt in keen Schützenjrahm?

In Sportpalast sowie in deine Presse,
da haste eine mächtig jroße Fresse.
Riskierst du wat? – De Schnauze vornean.
Josef, du bist'n kleener Mann.

Du bist mit irgendwat zu kurz gekomm.
Nu rächste Dir, nu lechste los.
Dir hamm se woll zu früh aus Nest jenomm!
Du bist keen Heros, det markierste bloß.
Gesammelte Werke. Band 9: 1931. Reinbek 1985, S. 138

Alfred Rosenberg
Seitdem Goebbels Herr der Propaganda war, wurde die deutsche Öffentlichkeit in wohlpräparierten Abständen mit Bildern von ihm versehen. Goebbels beim Führer am Kamin auf dem Obersalzberg, auf dem Weihnachtsmarkt mit seiner Tochter, am Schreibtisch in wichtigen Besprechungen, bei einer Rede in Berlin, Köln, Hamburg usw. Seine Reden mußten immer sehr lang wiedergegeben und nach Stichworten kommentiert werden.
Letzte Aufzeichnungen. Ideale und Idole der nationalsozialistischen Revolution. Göttingen 1955, S 191 f.

Werner Stephan
Der Propagandaminister gehört zu den dämonischen Menschen, deren Charakterbild in der Geschichte nicht schwankt. Es war auch in den zwanzig Jahren seines politischen Wirkens nicht «durch Parteien Haß und Gunst verwirrt». In der eigenen Bewegung, die weiß Gott nicht zimperlich war, empfanden viele ein Grauen vor ihm. Millionen aber erschien er als Inkarnation des Bösen.
Joseph Goebbels. Dämon einer Diktatur. Stuttgart 1949, S. 14 f.

Ernst Hanfstaengl
Was typisch für seine äußere Erscheinung war – seine Untergröße und sein Klumpfuß –, war auch naturgemäß Maßstab des inneren Menschen: kleinlich im Fühlen und Denken und kümmerlich in seinem intriganten Haß gegen alles, was ihm im Wege stand.
Zwischen Weißem und Braunem Haus. München 1970, S. 199

Wilfred von Oven
Ich habe mich oft gewundert, wie dieser Mann mit der Figur eines Jockeys und dem Kopf eines Gelehrten, der nie in seinem Leben über ein Gewicht von hundert Pfund hinausgelangte und keinerlei Sport trieb, die körperliche Anstrengung einer stundenlangen Volksrede aushielt, an deren Ende er stets wie aus dem Wasser gezogen war.

Wer war Goebbels?
München 1987, S. 63

Konrad Heiden
Zum Politiker ist Goebbels nicht geboren; ihm fehlt der Blick für Zusammenhänge, ihm fehlt auch die Logik Hitlers. Aber ein feines Organ hat dieser von Haus aus schwärmerische Kopf für Menschen und ihre Brauchbarkeit; seine engere Umgebung besteht aus treuen Anhängern und besseren Mitarbeitern, als Hitler sie zu sammeln vermochte. Er besitzt wirklichen Instinkt, der Hitler fälschlich nachgerühmt wird; obwohl seine Denk- und Sprechweise der Masse viel ferner ist als die des Führers, versteht er gerade aus dieser Ferne zu locken und zu blenden. Goebbels' große agitatorische Leistung ist es, die nationalsozialistische Propaganda zu einer Heldenlegende stilisiert zu haben.

Geschichte des Nationalsozialismus.
Die Karriere einer Idee.
Berlin 1932, S. 230f.

Albert Speer
Es wäre falsch, aus dem Routine-Fanatismus, der den Goebbelsschen Reden eigen war, auf einen heißblütigen, von Temperament überschäumenden Menschen zu schließen. Er war ein fleißiger Arbeiter, kleinlich genau in der Durchführung seiner Ideen, ohne dabei die Übersicht über die gesamte Lage zu verlieren. Er besaß die Gabe, Probleme von ihren Begleitumständen zu abstrahieren, so daß er, wie mir damals schien, zu einem sachlichen Urteil gelangen konnte. Dieser Eindruck wurde nicht nur durch seinen Zynismus, sondern auch durch seinen logischen Gedankenaufbau vermittelt, dem die Schulung einer Universität anzumerken war. Nur Hitler gegenüber wirkte er äußerst befangen.

Erinnerungen.
Frankfurt a. M. 1969, S. 267

Traudl Junge
Er war gar nicht schön, aber ich konnte verstehen, warum schon die Mädchen der Reichskanzlei an die Fenster rannten, um den Propagandaminister aus seinem Ministerium herauskommen zu sehen, während sie Hitler kaum beachteten. «Ach, wenn Sie wüssten, was der Goebbels für Augen hat und wie bezaubernd er lacht ...», schmachteten sie, als ich ihnen völlig verständnislos gegenüberstand. Auch die Damen vom Berghof flirteten regelrecht mit Hitlers Minister. Und wirklich hatte er eine bestechend geistreiche Art, und sein Witz war treffend, wenn er auch meist auf Kosten eines anderen ging.

Bis zur letzten Stunde.
München 2002, S. 108

Bibliographie

1. Quellen und Quellensammlungen

a) Tagebücher

Fröhlich, Elke (Hg.): Die Tagebücher von Joseph Goebbels. Sämtliche Fragmente. 4 Bde. München u. a. 1987 (Erinnerungsblätter)

– (Hg.): Die Tagebücher von Joseph Goebbels. Teil I: Aufzeichnungen 1923–1941. 14 Bde. München 1997–2006 (TB)

– (Hg.): Die Tagebücher von Joseph Goebbels. Teil II: Diktate 1941–1945. 15 Bde. München 1993–1996 (TB)

Reuth, Ralf Georg (Hg.): Joseph Goebbels. Tagebücher 1924–1945. München 2003 (EA 1992)

b) Weitere Editionen und Quellensammlungen

Albrecht, Gerd (Hg.): Der Film im 3. Reich. Eine Dokumentation. Karlsruhe 1979

Boelcke, Willi A. (Hg.): Kriegspropaganda 1939–1941. Geheime Goebbels-Konferenzen im Propagandaministerium. Stuttgart 1966

– (Hg.): «Wollt ihr den totalen Krieg?» Die geheimen Goebbels-Konferenzen 1939–1943. Stuttgart 1967

Bohrmann, Hans (Hg.): NS-Presseanweisungen der Vorkriegszeit. Edition und Dokumentation 1933–1936. München 1987 ff.

Heiber, Helmut (Hg.): Goebbels-Reden 1932–1945. 2 Bde. Düsseldorf 1971/72 (GR 1 u. GR 2)

Wulf, Joseph (Hg.): Kunst und Kultur im Dritten Reich. Eine Dokumentation. 5 Bde. Gütersloh 1963/64

c) Veröffentlichte Schriften von Joseph Goebbels (Auswahl)

Das kleine Abc der Nationalsozialisten. Greifswald 1925

Lenin oder Hitler. Zwickau 1926

Wege ins Dritte Reich. Briefe und Aufsätze für Zeitgenossen. München 1927

Das Buch Isidor. Ein Zeitbild voll Lachen und Haß. München 1928

Michael. Ein deutsches Schicksal in Tagebuchblättern. München 1929

Revolution der Deutschen. 14 Jahre Nationalsozialismus. Oldenburg 1933

Das erwachende Berlin. München 1933

Vom Kaiserhof zur Reichskanzlei. Berlin 1934

Signale der neuen Zeit. München 1934

Kampf um Berlin. München 1934

Der Angriff. Aufsätze aus der Kampfzeit. München 1935

Wetterleuchten. Aufsätze aus der Kampfzeit. München 1938

Die Zeit ohne Beispiel. Reden und Aufsätze aus den Jahren 1939/40/41. München 1941

Das eherne Herz. Reden und Aufsätze aus den Jahren 1941/42. München 1943

Der steile Aufstieg. Reden und Aufsätze aus den Jahren 1942/43. München 1944

d) Erinnerungen von Zeitgenossen

Baarova, Lida: Die süße Bitterkeit meines Lebens. Koblenz 2002

Below, Nicolaus von: Als Hitlers Adjutant 1937–1945. Mainz 1980

Fohrmann, Uta: Die Kinder des Reichsministers. Erinnerungen einer Erzieherin an die Familie Goebbels 1943–1945. Swisttal 2005

Hanfstaengel, Ernst: Zwischen Weißem und Braunem Haus. Memoiren eines politischen Außenseiters. München 1970

Hippler, Fritz: Die Verstrickung. Düsseldorf o. J. [1982]

Junge, Traudl: Bis zur letzten Stunde. Hitlers Sekretärin erzählt ihr Leben. München 2002

Jünger, Ernst: Strahlungen II. Stuttgart 1979

Krebs, Alfred: Tendenzen und Gestalten der NSDAP. Stuttgart 1959

Niekisch, Ernst: Erinnerungen eines Revolutionärs. Köln 1974

Oven, Wilfred von: Finale Furioso. Mit Goebbels bis zum Ende. Tübingen 1974

Pol, Heinz: Goebbels als Dichter. In: Die Weltbühne 27 (1931), S. 129–133

Riefenstahl, Leni: Memoiren. München, Hamburg 1987

Rosenberg, Alfred: Letzte Aufzeichnungen. Ideale und Idole der nationalsozialistischen Revolution. Göttingen 1955
Schwerin von Krosigk, Lutz Graf: Es geschah in Deutschland. Tübingen, Stuttgart 1951
Speer, Albert: Erinnerungen. Stuttgart 1969
Springer, Hildegard: Es sprach Hans Fritzsche. Nach Gesprächen, Briefen und Dokumenten. Zürich 1948
Strasser, Otto: Mein Kampf. Eine politische Autobiographie. Frankfurt a. M. 1969

2. Literatur

a) Biographien und Porträts

Fest, Joachim: Joseph Goebbels oder Canaille Mensch. In: ders.: Das Gesicht des Dritten Reiches. Profile einer totalitären Herrschaft. München 1993 (EA 1963), S. 119–138
Fraenkel, Heinrich, und Roger Manvell: Goebbels. Der Verführer. München 1989 (EA 1960) (HF)
Fröhlich, Elke: Einführung zu: Die Tagebücher von Joseph Goebbels. Sämtliche Fragmente. Bd. 1. München 1987, S. VII–CIII
–: Joseph Goebbels. Der Propagandist. In: Ronald Smelser und Rainer Zitelmann (Hg.): Die braune Elite. 22 biographische Skizzen. Darmstadt 1989, S. 52–69
Heiber, Helmut: Joseph Goebbels. München 1990 (EA 1962) (HH)
Hochhuth, Rolf: Goebbels in seinen Tagbüchern. In: ders. (Hg.): Joseph Goebbels. Die Tagebücher 1945. Die letzten Aufzeichnungen. Hamburg 1977, S. 15–51
Oven, Wilfred von: Wer war Goebbels? Biographie aus der Nähe. München 1987
Reimann, Viktor: Dr. Joseph Goebbels. Wien, München 1971 (VR)
Reuth, Ralf Georg: Goebbels. Eine Biographie. München 1990 (RGR)
Riess, Curt: Joseph Goebbels. Eine Biographie. Baden-Baden 1950
Schütze, Frank: Joseph Goebbels. Vom kleinen Nationalsozialisten zum Propagandagenie. Zützen 2003
Semler, Rudolf: The Man Next to Hitler. London 1947
Stephan, Werner: Joseph Goebbels. Dämon einer Diktatur. Stuttgart 1949
Wunderlich, Dieter: Goebbels und Göring. Eine Doppelbiografie. Regensburg 2002
Wykes, Alan: Joseph Goebbels. Der Reichspropagandaminister. Rastatt 1986 (EA 1973)

b) Einzelaspekte von Goebbels' Person und Wirken

Bärsch, Claus-Ekkehard: Die politische Religion des Nationalsozialismus. Die religiöse Dimension der NS-Ideologie in den Schriften von Dietrich Eckart, Joseph Goebbels, Alfred Rosenberg und Adolf Hitler. München 1998
–: Erlösung und Vernichtung. Der junge Goebbels. Paderborn 2004
Barth, Christian T.: Goebbels und die Juden. Paderborn 2003
Barth, Erwin: Joseph Goebbels und die Formierung des Führer-Mythos 1917–1934. Erlangen, Jena 1999
Bering, Dietz: Kampf um Namen. Bernhard Weiß gegen Joseph Goebbels. Stuttgart 1991
Berkholz, Stefan: Goebbels' Waldhof am Bogensee. Vom Liebesnest zur DDR-Propagandastätte. Berlin 2004
Bramsted, Ernest K.: Goebbels und die nationalsozialistische Propaganda 1925–1945. Frankfurt a. M. 1971 (EA 1965)
Bucher, Peter: Goebbels und die Wochenschau. In: Militärgeschichtliche Mitteilungen 1986, S. 53–69
Fetscher, Iring: Joseph Goebbels im Berliner Sportpalast 1943. «Wollt ihr den totalen Krieg?» Hamburg 1998
Hachmeister, Lutz, und Michael Kloft (Hg.): Das Goebbels-Experiment. Politik und Propaganda. München 2005
Hockerts, Hans Günter: Die Edition der Goebbels-Tagebücher. In: Horst Möller und Udo Wengst (Hg.): 50 Jahre Institut für Zeitgeschichte. Eine Bilanz. München 1999, S. 249–264
Höver, Ulrich: Joseph Goebbels. Ein nationaler Sozialist. Bonn, Berlin 1992
Kessemeier, Carin: Der Leitartikler Goeb-

bels in den NS-Organen «Der Angriff» und «Das Reich». Münster 1972
Kroll, Frank-Lothar: Utopie als Ideologie. Geschichtsdenken und politisches Handeln im Dritten Reich: Hitler – Rosenberg – Darré – Himmler – Goebbels. Paderborn 1998
Longerich, Peter: Joseph Goebbels und der Totale Krieg. In: Vierteljahrshefte für Zeitgeschichte 1987, S. 289–314.
Mathieu, Thomas: Kunstauffassungen und Kulturpolitik im Nationalsozialismus. Saarbrücken 1997
Michel, Kai: Vom Poeten zum Demagogen. Die schriftstellerischen Versuche Joseph Goebbels'. Köln, Weimar 1999
Michels, Helmut: Ideologie und Propaganda. Die Rolle von Joseph Goebbels in der nationalsozialistischen Außenpolitik bis 1939. Frankfurt a. M. 1992
Moeller, Felix: Der Filmminister. Goebbels und der Film im Dritten Reich. Berlin 1998
Moltmann, Günther: Goebbels' Rede zum Totalen Krieg am 18. Februar 1943. In: Vierteljahrshefte für Zeitgeschichte 1964, S. 13–43
Müller, Hans Dieter: Der junge Goebbels. Zur ideologischen Entwicklung eines politischen Propagandisten. Mannheim 1974
Neuhaus, Helmut: Der Germanist Dr. phil. Goebbels. In: Zeitschrift für deutsche Philologie 1974, S. 398–416
Nill, Ulrich: Die «geniale Vereinfachung». Anti-Intellektualismus in Ideologie und Sprachgebrauch bei Joseph Goebbels. Frankfurt a. M. 1991
Quanz, Constanze: Der Film als Propagandainstrument Joseph Goebbels'. Köln 2000
Sauder, Gerhard: Der Germanist Goebbels als Redner bei der Berliner Bücherverbrennung. In: Horst Denkler und Eberhard Lämmert (Hg.): «Das war ein Vorspiel nur …». Berliner Colloquium zur Literaturpolitik im Dritten Reich. Berlin 1985, S. 56–81
Sington, Derrick, und Arthur George Weidenfeld: The Goebbels experiment. A study of the Nazi propaganda machine. London 1942
Sösemann, Bernd: Inszenierungen für die Nachwelt. Editionswissenschaftliche und textkritische Untersuchungen zu Joseph Goebbels' Erinnerungen, diaristischen Notizen und täglichen Diktaten. In: Historische Zeitschrift, Sonderheft 16, 1992, S. 1–45
–: «Ein tieferer geschichtlicher Sinn aus dem Wahnsinn». Die Goebbels-Tagebuchaufzeichnungen als Quelle für das Verständnis des nationalsozialistischen Herrschaftssystems und seiner Propaganda. In: Thomas Nipperdey (Hg.): Weltbürgerkrieg der Ideologien. Antworten an Ernst Nolte. Berlin 1993, S. 136–174
–: «Vaterlandslose Gesellen». Goebbels' Verständnis vom Exil als Grundlage der nationalsozialistischen Politik gegenüber Exilierten. In: Hermann Haarmann: «Heimat, liebe Heimat». Exil und innere Emigration 1933–1945. Berlin 2004, S. 43–77

c) Übergreifende Studien zum Nationalsozialismus

Abel, Karl-Dietrich: Presselenkung im NS-Staat. Eine Studie zur Geschichte der Publizistik im Dritten Reich. Berlin 1968
Albrecht, Gerd: Nationalsozialistische Filmpolitik. Eine soziologische Untersuchung über die Spielfilme des Dritten Reichs. Stuttgart 1969
Brenner, Hildegard: Die Kunstpolitik des Nationalsozialismus. Reinbek 1963
Diller, Ansgar: Rundfunkpolitik im Dritten Reich. München 1980
Drewniak, Boguslaw: Das Theater im NS-Staat. Szenarium deutscher Zeitgeschichte 1933–1945. Düsseldorf 1983
Dussel, Konrad: Der NS-Staat und die deutsche Kunst. In: Karl-Dietrich Bracher (Hg.): Deutschland 1933–1945. Neue Studien zur nationalsozialistischen Herrschaft. Düsseldorf 1992, S. 256–273
Fest, Joachim: Staatsstreich. Der lange Weg zum 20. Juli. Berlin 2004 (EA 1992)
–: Der Untergang. Hitler und das Ende des Dritten Reiches. Eine historische Skizze. Reinbek 2003 (EA 2002)
Frei, Norbert, und Johannes Schmitz:

Journalismus im Dritten Reich. München 1989 (NF)
Friedrich, Thomas: Die missbrauchte Hauptstadt. Hitler und Berlin. Berlin 2007
Graml, Hermann: Reichskristallnacht. Antisemitismus und Judenverfolgung im Dritten Reich. München 1988
Gruner, Wolf: Judenverfolgung in Berlin 1933–1945. Berlin 1996
Hagemann, Walter: Publizistik im Dritten Reich. Hamburg 1948
Kershaw, Ian: Der Hitler-Mythos. Volksmeinung und Propaganda im Dritten Reich. Stuttgart 1980
–: Hitler 1889–1945. 2 Bde. Stuttgart 1998/2000
Ketelsen, Uwe-Karsten: Literatur und Drittes Reich. Schernfeld 1992
Klabunde, Anja: Magda Goebbels. Annäherung an ein Leben. München 1999
Kohlmann-Viand, Doris: NS-Pressepolitik im Zweiten Weltkrieg. München 1991
Longerich, Peter: Die Braunen Bataillone. Geschichte der SA. München 1989
Meissner, Hans-Otto: Magda Goebbels. Ein Lebensbild. München 1978
Obst, Dieter: «Reichskristallnacht». Ursachen und Verlauf des antisemitischen Pogroms vom November 1938. Frankfurt a. M. 1991
Rischbieter, Henning (Hg.): Theater im «Dritten Reich». Theaterpolitik, Spielplanstruktur, NS-Dramatik. Seelze-Velber 2000
Schäfer, Hans-Dieter: Das gespaltene Bewußtsein. Deutsche Kultur und Lebenswirklichkeit 1933–1945. München 1981
Sösemann, Bernd: Propaganda und Öffentlichkeit in der «Volksgemeinschaft». In: ders. (Hg.): Der Nationalsozialismus und die deutsche Gesellschaft. Einführung und Überblick. München 2002, S. 114–154
Stahr, Gerhard: Volksgemeinschaft vor der Leinwand? Der nationalsozialistische Film und sein Publikum. Berlin 2001
Strothmann, Dietrich: Nationalsozialistische Literaturpolitik. Ein Beitrag zur Publizistik im Dritten Reich. Bonn 1960
Studt, Christoph, und Joachim Scholtyseck (Hg.): Diener des Staates. «Widerstand zwischen den Zeilen» im Dritten Reich. Münster 2007
Trevor-Roper, Hugh: Hitlers letzte Tage. Hamburg 1947
Walter, Michael: Jazz und leichte Musik als Propagandainstrument. In: Stiftung Schloss Neuhardenberg (Hg.): Das «Dritte Reich» und die Musik. Berlin 2006, S. 144–153

3. Goebbels im Film

Joseph Goebbels. Gesehen von Lida Baarova. ARD-Dokumentation. 1991
Hitlers Helfer. Zwölfteilige Fernsehreihe im ZDF von Guido Knopp. Teil 3: Joseph Goebbels, Der Brandstifter. 1996
Das Goebbels-Experiment. Filmdokumentation von Lutz Hachmeister. 2004
Joseph Goebbels. Dreiteilige ARD-Dokumentation von Andrea Morgenthaler (Teil 1: Der Scharfmacher. Teil 2: Der Propagandachef. Teil 3: Der Einpeitscher). 2004
Der Untergang. Spielfilm von Bernd Eichinger. 2004

4. Goebbels in der Literatur

Baier, Christian: Joseph. Ein deutsches Schicksal. Wien 2001 (Roman)
Jüssen, Horst: Joseph Satan. München 2007 (Roman)
Reese, Oliver: Goebbels. Ein Selbstpalaver. UA: 28. 5. 2005 im Deutschen Theater Berlin (Theaterstück)

5. Goebbels im Internet

www.dhm.de/lemo/html/biografien/GoebbelsJoseph/index.html
http://de.wikipedia.org/wiki/Joseph_Goebbels
www.calvin.edu/academic/cas/gpa/goebmain.htm

Namenregister

Die kursiv gesetzten Zahlen verweisen auf die Abbildungen.

Über den Autor

Jörg von Bilavsky, geboren 1969 in Frankfurt am Main, studierte Geschichte, Politik und Germanistik. Mehrjährige redaktionelle Leitung von Geschichtsmagazinen. Konzeption und Realisierung der parlamentshistorischen Ausstellung «Wege–Irrwege–Umwege» in Berlin. Als freier Journalist und Autor arbeitet er vorwiegend zu historischen Themen für diverse Verlage, Zeitschriften, Tages- und Wochenzeitungen.

Danken möchte ich allen, die dieses Buch mit Geduld, Gesprächen sowie hilfreichen Ratschlägen begleitet und ermöglicht haben.

Quellennachweis der Abbildungen

Bildarchiv Preußischer Kulturbesitz, Berlin: Umschlagvorderseite (Heinrich Hoffmann), 12 (2), 14 (Bayerische Staatsbibliothek, Abt. Karten und Bilder), 33 (Heinrich Hoffmann), 40 (Carl Weinrother), 49 (Carl Weinrother), 120 (Bayerische Staatsbibliothek / Heinrich Hoffmann), 138, 141, Umschlagrückseite unten
ullstein bild, Berlin: 1 u. 3 (Frentz), 17, 21 (Haeckel), 24 l., 24 r. (Imagno), 36, 52 (SZ Photo), 55, 63, 67, 71 (Archiv Gerstenberg), 75 (SZ Photo/Scherl), 78 (AKG Pressebild), 83 (Imagno), 89, 97, 102, 113, 125, 126 (SZ Photo), 131, 133, 142, Umschlagrückseite oben
Institut für Zeitgeschichte, München-Berlin, Archiv: 6
akg-images, Berlin: 27, 45, 58, 86, 100
Aus: Ralf Georg Reuth: Goebbels. Eine Biographie. München 1990 (Archiv François Genoud): 29, 108, 110
Süddeutsche Zeitung Photo: 93 (Scherl), 115